高中语文
单元式学科德育研究

朱 琳◎著

上海交通大学出版社
SHANGHAI JIAO TONG UNIVERSITY PRESS

内容提要

本书分析了高中语文教学施行学科德育的必要性与可行性,结合部编版教材梳理了以单元为视角的高中语文教科书德育资源,并结合具体教学实践和案例,阐述了单元主题德育资源开发、主题式单元再构、以单元为视角的高中语文德育教学策略。本书适合高中德育管理、语文学科教师、班主任、年级组长以及其他对语文与德育结合感兴趣的教育工作者阅读参考。

图书在版编目(CIP)数据

高中语文单元式学科德育研究/朱琳著. —上海:
上海交通大学出版社,2025.4. —ISBN 978-7-313
-32615-7

Ⅰ.G633.302;G631

中国国家版本馆 CIP 数据核字第 2025VL5336 号

高中语文单元式学科德育研究
GAOZHONG YUWEN DANYUANSHI XUEKE DEYU YANJIU

著　　者:朱　琳

出版发行:上海交通大学出版社　　　　　地　　址:上海市番禺路 951 号

邮政编码:200030　　　　　　　　　　　电　　话:021-64071208

印　　制:上海万卷印刷股份有限公司　　经　　销:全国新华书店

开　　本:710mm×1000mm　1/16　　　　印　　张:14

字　　数:217 千字

版　　次:2025 年 4 月第 1 版　　　　　　印　　次:2025 年 4 月第 1 次印刷

书　　号:ISBN 978-7-313-32615-7

定　　价:68.00 元

序

我认识朱琳老师已经 33 年，见证了她从一名优秀的中文系学生成长为语文教师，再从年轻的班主任，逐步成长为教育教学骨干的过程。即便要管理高中部，她也常年坚守在高三一线。她的工作非常繁忙，能抽出时间写出这本书，让我既感到惊讶，也颇感兴趣。阅读本书之后，感慨万千。

教育，是国家发展的基石，是民族振兴的希望。在教育的广阔版图中，高中语文教育占据着举足轻重的地位。它不仅是知识传承的载体，更是学生价值观塑造、品德培育的关键阵地。在当今时代，如何将德育与语文教学深度融合，已成为教育界亟待解决的重要课题。而朱琳老师的这部《高中语文单元式学科德育研究》，是一次创新，为我们提供了极具价值的探索与实践经验。

在以往的高中语文教学中，知识传授与德育培养常常处于一种相对割裂的状态。语文教学侧重于字词解析、文章理解、写作技巧等方面，而德育则更多地依赖于专门的思政课程和主题活动。这种分离的模式，使得学生在语文学习中难以充分汲取其中蕴含的丰富德育养分，德育的实施也缺乏生动鲜活的载体。

朱琳老师敏锐地洞察到这一问题，凭借着对教育事业的热忱与执着，毅然踏上了将德育巧妙融入语文单元教学的探索之旅。这是一条充满挑战的创新之路，没有现成的模式可借鉴，没有固定的路径可遵循。但她凭借扎实的专业素养、深厚的教育情怀和不懈的努力，在重重困难中开辟出了一条崭新的道路。

在本书中，朱琳老师深入剖析了高中语文教材的百余篇课文，从浩如烟海的文字中挖掘出潜藏的德育资源，并将其与语文教学目标和学科德育目标有机结合，形成了一套可行的教学方法和策略。例如，在古诗文教学中，通过诵读和关联阅读，让学生充分领略古人的才情与品德，传承中华优秀传统文化。同时，朱琳老师主持并大力推广"四节"（读书节、体育节、艺术节、科技节）等校园活动，让学生在实践中自然产生对德育的理解与感悟，真正实现了知行合一。

这本研究成果的价值，不仅在于它为高中语文教师提供了具体的教学方法和案例，更在于它为我们树立了一种全新的教育理念——学科德育一体化。它让我们认识到，语文教学不仅仅是知识的传授，更是德育的渗透与滋养；每一篇课文、每一个教学环节，都可以成为德育的切入点和生长点。

我相信，《高中语文单元式学科德育研究》的出版，将对高中语文教育产生积极而深远的影响。它将为广大语文教师打开一扇新的大门，引领他们在教学实践中不断探索创新，将德育与语文教学深度融合，培养出更多具有高尚品德、丰富知识和创新能力的新时代人才。同时，我也期待朱琳老师在今后的教育研究中，能够继续精耕细作，尤其在育人方式的改革中贡献更多的方法和成果。

以"向前有路，光明在望"（见题字）书赠朱琳老师。德育需要长期坚持，只有不断砥砺前行，才能到达光明的彼岸。

林在勇
上海师范大学党委书记
上海市语文学会会长
2025 年 3 月于沪

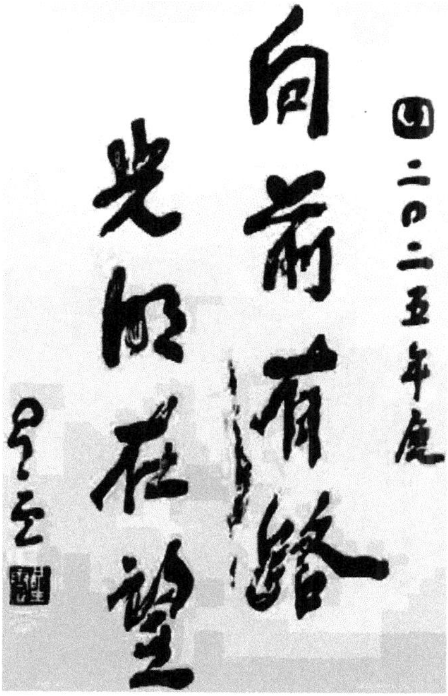

林在勇题字

目　录

绪论·······001

一、何谓高中语文学科德育·······001

二、高中语文学科德育功能认识·······003

三、高中语文学科德育研究现状·······006

四、本书的内容框架·······008

第一章　高中语文教学施行单元式学科德育的必要性与可行性·······009

一、高中语文教学施行单元式学科德育的必要性·······009

（一）落实立德树人根本任务的需要·······009

（二）学生成长"关键期"的助推需要·······011

二、高中语文教学施行单元式学科德育的可行性·······013

（一）语文学科特点的适切性·······013

（二）高中语文教材的适切性·······014

（三）高中语文单元教学的适切性·······016

三、高中语文单元式学科德育目标·······017

（一）德育目标的历史变迁·······018

（二）"大"德育目标体系·······021

（三）"小"德育目标体系·······023

第二章 以单元为视角的高中语文教科书德育资源·······················026

一、如何理解"单元"·······················026

二、部编版教材单元主题德育资源·······················030

    （一）资源挖掘方法探究·······················030

    （二）德育资源具体分析：高中语文必修上册（节选）·······················033

    （三）德育资源具体分析：高中语文必修下册（节选）·······················051

    （四）德育资源具体分析：高中语文选择性必修上册（节选）·······················074

    （五）德育资源具体分析：高中语文选择性必修中册（节选）·······················089

    （六）德育资源具体分析：高中语文选择性必修下册（节选）·······················107

三、部编版教材资源的主题式单元再构·······················121

四、部编版教材单元主题德育资源开发·······················139

    （一）革命传统主题单元资源·······················139

    （二）现实表现类主题单元资源·······················141

    （三）马克思主义类主题单元资源·······················141

第三章 以单元为视角的高中语文德育教学策略·······················143

一、理念支撑：融合式教学理念·······················143

二、教学原则·······················144

    （一）渗透性原则·······················144

    （二）感受性原则·······················145

    （三）共振性原则·······················146

三、教学方式·······················148

    （一）以讲授创设情境·······················148

    （二）以资料编排构建环境·······················148

    （三）以个体为榜样发挥引领示范作用·······················150

四、外部支持·······················151

    （一）协同多方力量·······················151

    （二）队伍建设·······················152

（三）激励措施 153

第四章　高中语文单元式学科德育实践与反思 156

一、教学单元课例 156

（一）单元整体设计示例 156

（二）单元重构设计示例 159

二、教学实践反思 162

（一）课例《苏武传》 162

（二）课例《烛之武退秦师》 165

（三）课例《"探界者"钟扬》 168

第五章　高中语文学科德育系列化实践活动 174

一、校园特色活动课程体系 174

（一）校园特色活动背景 174

（二）特色活动课程体系 175

二、活动课程示例:戏剧课程 175

（一）戏剧课程经验梳理与探索 175

（二）在戏剧课程中提升学生道德情感 178

（三）戏剧课程课例分享:"《复活》《雷雨》对谈"学科德育活动

课例 185

三、活动课程示例:综合德育活动项目 191

四、活动课程示例:思想在高飞 194

（一）活动设置依据 194

（二）活动设置要点与反馈 198

五、结语:高中语文学科德育的前景与展望 206

参考文献 208

后记 210

一、何谓高中语文学科德育

德育与其他四育(智育、体育、美育、劳育)并举,是教育体系重要的组成部分。在《辞海》中,德育被解释为"政治思想和道德品质的教育",这一解释过于简化。不得不遗憾地说,德育的概念目前还没有一个公认的标准定义,也给德育工作带来了很多现实的困扰。

例如,檀传宝老师所著的《德育原理》,目前在师范类院校中仍然被广泛使用。该书第三版(2017)中提及:"'德育'是个筐,什么东西都可以往里头装! 这就是所谓德育概念'泛化'的问题……所以我们认为,必须对德育概念外延的界定做认真的清理,遵循'守一而望多'原则……所谓'守一',意即严格意义上的德育或德育的基本内涵只能指道德教育……'望多'的意思有两条:一是思想、政治、心理健康等本身是重要的,所以要'望多',要进行思想、政治、心理健康教育;二是思想、政治、心理健康教育等,与道德教育,即狭义的德育,有着千丝万缕的联系,需要'望多',从而加强学校道德教育本身。"①

类似的典型论述很多,基本都认为狭义的"小德育",专指个人道德教育;广义的"大德育",则在"小德育"的基础上,增加了从个人心理健康到思想政治教育的大量内容,包括爱国主义、文化自信等,不一而足。

---

① 檀传宝. 德育原理(第三版)[M].北京:北京师范大学出版社,2017:2—5.

　　学术界对德育概念长期存在争论。造成这一局面的原因很多，根本原因在于"道德"概念本身具备相当的模糊性，在不同国家、民族、文化、种族、宗教、时代背景下，有不同的解释和理解。结果就是，对于德育的内涵和外延，在不同时间、地点和场景，存在各种不同的阐述。所以要明确定义德育概念，首先要澄清"德"这一概念。笔者发现，如果对"德"或者说"道德"这一概念精心给出正向定义，不论如何罗列，都会有所遗漏。因此，我们不妨对"德"这一概念进行反向描述：在一定的教育周期和教育场所，对教育对象进行教育时，与"智""体""美"互补的，我们期望受教育对象具备或形成的思想和观念，都可以纳入"德"的范畴，相应的教育实践活动就是德育。

　　按照上述说法，"智"包含自然科学、社会科学，除了经典的语数外理化生（语文、数学、外语、物理、化学、生物），还包括史地政法宗（历史、地理、政治、法律和宗教）等；"体"毋庸多言，即体育；"美"包括音乐、美术等各种艺术领域。本书认为，在智育、体育、美育之外的教育领域，都可归入德育。

　　这样描述的优点很多，首先是内涵明确，德育是期望受教育对象形成的某种思想观念；其次是外延清晰，避免与其他科目重叠，可以更加精准地确定德育的范畴。例如，高等教育中的科学社会主义、政治经济学、中国革命史、中国共产党史等科目，如果在中学阶段已有对应科目，则不属于语文学科德育的范围，应该纳入德育学科范畴。也就是说，对于不同的受教育群体，在不同的场景（时间、地点）下，德育的外延有所不同。

　　澄清德育的概念后，学科德育的概念也就不难确定了。从德智体美的上述划分可以看出，智育涉及的主要是各种"客观可验证"的科学；体育和美育则主要是个人主观感受；德育则是教育者和教育体系希望受教育者形成的某种主观思想和观念。在这些领域之间会有交叉，交叉的内容以学科形式展现，并具有典型的育德功能，实际上就形成了广义的学科德育。然而，主观思想和观念难以客观检测和度量，思维方面显性的德育课程构建和组织都难以落实，过于直白的灌输教育甚至可能引起受教育者产生逆反心理，似快实慢。毕竟生活不是小说，像《三体》之思想钢印，不论在技术上还是伦理上，都存在问题。而通过各门学科的教学实践活动，潜移默化地从侧面逐步影响受教育者，不失为一种可行的途径，似慢实快。学科德育就是在各门学科的教学实践活动中,渗透德育的具体目标,同时完成学科教育和德育的。

语文学科德育,属于学科德育活动的一个分支,也是中学学科德育的重要组成部分。语文学科德育同时也是语文教育的有机组成部分,不仅关系到学生的思想道德素质,也直接影响到学生的全面发展。和其他学科相比,语文作为母语学科,其文学性、社会性、历史性综合呈现,与德育关系最为密切。相比之下,数理化等学科的德育功能比较隐性。与历史、政治科目相比,语文学习的学时多、学程长、教学方式和内容更加灵活,故而在语文教学实践中,可以结合政治、历史等科目的需求,综合性地对学生进行政治、思想、道德教育。具体教育形式主要依托语文教材内容,在具体的课堂教学及其延伸活动中实施,例如可以结合相关校园文化、社团活动、家庭及社会环境等进行学科德育。

二、高中语文学科德育功能认识

高中学生年龄从 13 岁到 18 岁不等(笔者所在的上海市实验学校是全国唯一一所小初高十年一贯制学校,故此高中生的年龄差异较大),经过小学和初中多年的学习,高中生已经具备相当的思辨能力,初步形成了个体的世界观、人生观、价值观,并在高中阶段趋向定型。毋庸置疑,高中阶段是德育的最重要阶段之一。

现代社会信息泛滥,各种正面、负面的信息从不同角度对高中学生产生着较大的影响;通信方式的多样化与发达,使得高中学生接触的人群显著扩大。从互联网到移动互联网,再到 AI 大模型,社会的急速变迁,给高中学生带来大量信息的同时,也加重了他们的心理负担。笔者历任高中班主任、学科组长、年级组长、教导主任,接触过各种心理异常、需求个性化的学生。这些问题都要靠德育工作来疏导和化解。

作为德育的最重要阶段之一,高中德育却面临各种困难和挑战。思想品德课、思想政治理论课是德育的直接方式和主要渠道,也发挥了许多积极的作用。但是在高中阶段,学生的生理发育基本完成,心理发育接近成熟。随着学生自身能力的增长,父母、师长在其心目中的地位自然相对下降。高中学生的逆反心理和解构权威,让传统方式和传统权威逐步失去效力。传统的"灌输式"德育,已经难以满足当下的高中德育需求。

高中阶段的德育工作非常重要,既然直接灌输的效果往往不理想,甚至容易引起反弹,那么将德育分散到各门学科的教学活动中,是一个可行且值得尝试的方法。高中学生和老师都面临高考的现实压力,高考各科目的教学活动属于"刚需"。在各科目教学过程中,潜移默化、润物细无声地影响学生,完成德育目标,是一种非常有效的方式。

(一) 语文较之其他学科的德育优势

一是文化优势。数学、物理、化学、生物、地理、信息技术、通用技术属于自然科学,讲求逻辑和实验,认为实践是检验真理的唯一标准。例如,真空光速作为物理常数,在已知宇宙范围内恒定不变。自然科学在不同时间、地点、种族、宗教信仰下,都表现为稳固的一致性。在自然科学领域寻找德育相关素材相对困难,偶有发现也主要属于科学史范畴,而不是自然科学本身。相比之下,语文是母语,仅教材编撰的单元导语就具有相当明确的思想引导。同为语言学科,语文与外语教学都能发掘和运用人类数千年流传的各种经典书籍作为德育素材。但建立文化自信和爱国主义教育本身就是语文学科德育的目标之一,这必须依靠母语教育才能完成。大量的德育素材,如翻译为外语,其德育效果也明显削弱。

二是美的引导。关于"美"的定义,虽然不同时间不同人群对它的理解有所差异,但仍然存在跨越时空的共同美感。音乐、美术、艺术、体育都与美育相关,道德高尚本身也是一种美。不过很多人具有多个方面的特质,政治道德水平低下的人,也有可能在艺术方面具备专业水准。例如,宋朝时人称"六贼之首"的蔡京其书法水平就很高。2017年,河南禹州发掘出土《苏淑墓志》,目前藏于禹州市博物馆,是蔡京唯一传世的楷书碑刻真迹。

从墓志来看,蔡京的楷书工整流畅,笔力过人。蔡京所留下的《雪江归棹图卷跋》《宫使帖》等作品,虽是纸本、绢本墨迹,行书、草书不逊大家,但是这些作品不会被选入高中教材,原因非为不美而是其德不配字。

三是充实德育内容。思想政治类科目,如中国特色社会主义、经济与社会、政治与法治等,本身就是德育内容,属于德育学科,而非学科德育。德育学科的优势在于内容充实,能够集中进行教育;但高中德育学科处于德育的较高层次,其教学目标更多是提升高中学生思想政治水准的"天花板"即上限,在夯实道德基础,提高道德水平"地板"即下限方面,投入有限。这也给学科德育留下了更多的发挥空间。

本书将德育划分为 4 个层次,分别为:

层次 1:基本文明习惯和行为规范。

层次 2:基本道德品质。

层次 3:公民道德或政治道德品质。

层次 4:较高层次的道德理想。

高中德育课程主要位于上述第 2、第 3 层次,也会涉及基础的第 1 层次和最高级的第 4 层次。语文学科德育通过文字与跨越历史时空的无数名人大家"对话",有可能在最高级的第 4 层次发挥更大作用。

(二) 高中语文学科德育功能

1. 教学内容与德育目标的深度契合

高中语文教学与德育的目标之间存在着紧密的联系。语文教学不仅关注学生的语言能力和文学素养,更注重培养学生的情感、态度和价值观。这与德育的核心目标——培养学生的优良品德、良好行为习惯以及积极的人生态度——不谋而合。因此,高中语文教学在德育方面具有得天独厚的优势,能够在教学过程中自然而然地融入德育内容,使学生在学习语文知识的同时,也接受道德教育的熏陶。

2. 丰富多样的人文资源和德育素材

高中语文教材是充满人文精神和道德内涵的宝库。其中,经典文学作品如诗歌、散文、小说等,不仅展现了人类文明的瑰宝,更蕴含了深刻的道德观念和人生哲理;历史人物传记通过讲述杰出人物的生平事迹,为学生树立了崇高的道德榜样。特别是高中阶段的整本书阅读,融合了"人与时代"这一永恒的命题,对提升思维品质从而夯实素养具有积极的作用。这些丰富的人文资源和德育素材,提供了取之不尽、用之不竭的教育资源,使得语文教学在德育方面具有很强的说服力和感染力。

3. 潜移默化的德育渗透方式

在学科德育乃至整个德育领域,特别是涉及公民人格或者个人品德时,正面说教的效果往往很差,甚至可能引起学生的逆反心理。因此,潜移默化的德育渗透可能是更为有效的方式。在教学过程中,教师可以通过对课文的深度解读和拓展阅读、课堂讨论等多种方式,引导学生领悟其中的道德内涵;也可以通过榜样示范,让学生同时成为德育的教育者和受教育者,引导学生相互激发,自然模仿优秀。

4. 语文教学的德育实践功能

高中语文教学对德育实践也有着切实的支持。我们可以组织学生进行现场辩论、戏剧表演、演讲比赛等活动,从而培养高中生的团队合作精神、表达能力,提高他们的自信心;我们还可以推荐和引导学生阅读经典文学作品,培养他们的阅读兴趣,提升他们的审美水准和人文修养水平。此外,组织学生投身社会实践活动,如社区清洁等志愿者服务、田野调查等,也是对德育的支持。这既可以让学生了解自己所处的社会环境实际情况,又可以培养他们的社会责任感,建立公民意识。社会实践活动既丰富了学生的课余生活,又润物细无声地提升了他们的道德水准和综合素质,达到了知行合一的效果。

三、高中语文学科德育研究现状

笔者于 2024 年底进行了一次搜索记录:在中国知网中,以"德育"为关键词检索主题,共得到 310 435 篇文献;以"学科德育"为关键词,检索到 3 546 篇文献,占比仅为 1.14%;而以"高中语文学科德育"为关键词检索主题,仅仅有 28 篇文献。对比 2008 年同期数据,当时德育相关文献有 45 770 篇,学科德育相关文献有 2 322 篇。经过 16 年的发展,德育相关文献增长了近 6 倍,学科德育文献仅仅增长了约 0.5 倍;学科德育文献的占比从 5.07% 下降到 1.14%,下降非常明显[①]。

---

① 饶玉梅. 我国学科德育研究现状及问题研究[D]. 重庆:西南大学,2008:6.

从以上数据可以看出，学科德育研究远远滞后于德育研究，而高中语文学科德育研究更是寥寥无几。造成这一局面的原因很多，笔者认为主要应该关注以下几个原因。

（一）学科德育工作受重视程度不足

从当下的教育考核标准来看，德智体美劳五育中，智育往往处于第一位，体育第二位；德育和劳育往往被认为只要不拖后腿即可，美育则主要对艺考生群体有实际意义——这有悖于教育根本。马克思主义认为，物质文明和精神文明紧密联系、互相影响、互为条件，统一于人的具体实践活动。我国高度重视协调推进物质文明和精神文明建设。习近平总书记强调，要"以辩证的、全面的、平衡的观点正确处理物质文明和精神文明的关系"。在推进现代化建设的过程中，教育工作者必须把物质文明和精神文明相协调的重大原则贯穿始终。

在实际教育活动实践中，特别是招考环节，不论中考、高考，还是硕博研究生入学考试，德育都有一票否决权，但德育只是各种招考环节对考生要求的必要条件（底线或者说门槛），而不是能够决定录取的根本性因素或者说充分条件。造成这一局面并非我们不重视德育。回顾历史，源起于三国两晋的九品中正制，就是"德育第一智育第二"。我们知道，九品中正制并未达成制度设计者的初衷，反而变成世家攫取权力和掌控官僚体系的工具。究其根本原因，还是道德难以精准定义，道德水平难以客观比较和计量。

（二）学科德育相关理论单薄不成体系

2001年德育理论书籍集中出版，之后速度明显减慢。德育理论书籍基本覆盖了以下范畴：德育学科问题、德育概念与本质、德育功能与地位、德育目标和内容、德育过程、德育原则、德育途径和方法、德育主体、德育网络、德育管理、德育评价和德育思想史等问题。这些研究内容为德育工作提供了理论基础。遗憾的是，大部分著作都是关注德育学科而非学科德育。

（三）学科德育实践活动研究难以量化评估，见效缓慢

在现有教育考核体系中，考试分数仍然占据主导地位。从学生、教师、家长到教育主管部门，很大程度上主要用分数来评估教学效果。这一趋势

在可见的未来似乎也不会发生变化。相应教师在学科教学活动中,也主要关注学生对本学科知识点的掌握情况,对于学科德育这一"副产品"关注有限,也无法量化评估考核教学资源的投入数量和学生的受教育情况。考核链条的断裂,事实上打破了"编写教材—教学活动—考试评估—更新教材"这个循环。

四、本书的内容框架

在本书中,笔者采用的是"大德育"的内容划分方式,结合高中语文课标和中小学德育大纲,对高中语文教材中的德育因素进行了分析与整理,从而筛选出适合语文学科德育的"小德育"目标体系。本书"小德育"目标框架综合覆盖了世界观、人生观与价值观,结合中学德育大纲,分为三个部分:

(1) 政治认同:爱党、爱国。

(2) 文化认同:中国优秀传统历史文化。

(3) 身份认同:公民人格,包括生命、财富、情感、法律、人品、人生目标等方面的内容。

本书的内容框架,就是先明确目标体系,再梳理语文教材中的德育资源,进而确定学科德育策略,最后进行实践活动与反思。

第一章

高中语文教学施行单元式学科德育的
必要性与可行性

一、高中语文教学施行单元式学科德育的必要性

（一）落实立德树人根本任务的需要

教育的根本任务是立德树人，这是我国社会主义教育事业的核心所在，也是培养德智体美全面发展的社会主义建设者和接班人的本质要求。立德树人，即通过教育培养具备高尚品德、扎实学识和良好行为习惯的人才。这一任务不仅关系到个人的成长成才，更关乎国家的长远发展和民族的复兴大业。教育不仅要传授知识，更要注重培养学生的道德品质和社会责任感，使他们成为有益于社会、有贡献于国家的人①。

在新时代背景下，落实立德树人的根本任务显得尤为重要。面对全球化带来的多元思想文化冲击，以及信息网络技术的迅猛发展，青少年学生的思想意识更加自主，价值追求更加多样，个性特点也更加鲜明。这既为教育工作带来了新的挑战，也提出了更高的要求。因此，教育必须紧紧围绕立德树人这一根本任务，不断创新育人模式和方法，以适应新时代的发展需求。

从国家人才培养的视角来看，高中语文教学施行单元式学科德育具有极其重要的意义。语文学科作为高中教育的重要组成部分，具备独特的德育优势。本书旨在通过单元式学科德育的实施，更好地落实立德树人的根

---

① 符钰. 立德树人背景下的高中学科德育渗透路径［J］. 教书育人（教师新概念），2020（10）：16 - 17.

本任务,为培养德才兼备的人才奠定坚实的基础。

1. 德才兼备的人才：国家发展的基石

国家的发展离不开人才的培养,而德才兼备是衡量人才的重要标准。一个德才兼备的人才能为国家的繁荣昌盛作出积极贡献。高中阶段是学生世界观、人生观和价值观形成的关键时期,语文学科作为人文性与工具性的统一体,承载着培养学生思想道德和情感态度的重要使命。因此,通过单元式学科德育,使学生在学习语文知识的同时,潜移默化地接受道德熏陶,树立正确的价值观念,对于国家的发展至关重要。

2. 精神命脉：中华优秀传统文化的传承与弘扬

中华文化源远流长,蕴含着丰富的德育资源。语文学科作为中华文化传承的重要载体,对学生思想道德观念的形成具有深远影响。在单元式学科德育中,引导学生深入挖掘中华优秀传统文化的内涵,能够增强学生的文化自信和民族自豪感,培养他们成为传承和弘扬中华文化的新时代青年,产生立志铸魂的效果。同时,这种教育方式也有助于中华文化在国际舞台上发挥更大的影响力。

3. 立德树人：教育的根本任务

我国教育的根本任务在于"立德树人"。2017 年,党的十九大报告中明确提出要"落实立德树人根本任务,发展素质教育,推进教育公平,培养德智体美全面发展的社会主义建设者和接班人"。2020 年 1 月 8 日,习近平总书记在"不忘初心、牢记使命"主题教育总结大会上,更是明确了思想教育的重要性①。学校教育作为育人的重要组成部分,各个学科除了传授知识技能外,均需承担德育之责,而语文学科因其独特的人文特性,在这一方面便具备超越许多学科的"先天"优势。在单元式学科德育中,整合语文学科教学内容,以主题单元的形式渗透德育元素,使学生在学习过程中不断锤炼思想品质和道德修养,落实了培养德才兼备人才的举措。这种教育方式能够更好地实现立德树人的目标,为培养德智体美劳全面发展的社会主义建设者

---

① 习近平. 在"不忘初心、牢记使命"主题教育总结大会上的讲话[EB/OL]. (2020 - 01 - 08)[2024 - 05 - 06]. https://www.ccps.gov.cn/xxsxk/zyls/202001/t20200108_137362.shtml.

和接班人提供有力支持。

4. 人与时代：用发展的眼光看需求

随着时代的发展，社会对人才的要求也在不断变化。在全球化、信息化的背景下，具备良好的思想道德品质、跨文化交流能力和创新精神成为人才竞争的关键。单元式学科德育能够紧密结合时代发展，不断更新德育内容和方法，使教育更加贴近实际，满足社会对人才的需求。这种教育方式不仅能够提高学生的综合素质和社会适应能力，也有助于推动社会的进步与发展。

5. 拓展熏陶：德育与语文教学的融合

提升教育质量的重要途径之一，是努力将德育与语文教学有机融合。通过单元式学科德育教学活动，教师可以根据单元主题将对应的德育元素自然地融入语文教学之中。这样可以充分发挥语文学科的人文优势，在不干扰既定的语文教学目标的同时，让学生潜移默化地接受德育元素的熏陶。这种融合既可以保证语文教学的效果，又能够提升学生的道德水准，为高素质人才的培养打下坚实的基础。

综上所述，高中语文教学施行单元式学科德育对于国家人才培养至关重要。在未来的教育实践中，应进一步强化单元式学科德育的实施力度，不断完善德育内容和方法，为培养德才兼备的人才提供有力支持。同时，加强相关研究工作，深入探讨德育与语文教学的内在联系与规律，为提高教育质量提供理论依据与实践指导。

（二）学生成长"关键期"的助推需要

苏霍姆林斯基曾说："少年期和青年早期，是个性在智力方面、道德方面和社会思想方面自我形成的年龄期。"[1]高中阶段是学生世界观、人生观和价值观形成的关键阶段，也是其个性和情感发展的重要时期。在这个阶段，学生不仅需要掌握学术知识，还需要学会社交、情绪管理、自我认知等多方面的技能。高中学生面临的诸多挑战，往往会让其感到痛苦和迷茫。德育能为学生指引方向，提高学生的思辨能力，可以有效地改善心理健康，让学生

---

[1] 耿也岚. 数学学科德育资源的开发与利用初探[D]. 山东：曲阜师范大学，2015：1.

不再迷茫，认清自己的发展方向。高中阶段学生变为法律意义上的成人，拥有更多的资源，也会接触到更多的诱惑。在这个人生最重要的分水岭面前，每一次抉择都可能对未来一生产生重大的影响。

高中阶段是一个充满挑战和变化的重要时期。高中生面临高考压力，学习任务繁重自不待言，身体、心理、家庭乃至社会各方面的变化都需要有效应对。现实中高中生普遍面临以下几个问题。

繁重的学业压力：为了应对高考，高中阶段的课程难度相比初中阶段明显增加。课时数增加，考试频率加快、次数增多，单次考试时间也有所延长。这种明显增大的压力很容易导致部分高中生产生焦虑情绪，乃至心理异常，甚至引发心理疾病。

选择大学和专业：高中生需要考虑自己未来的职业规划方向，选择大学和专业。这个选择往往会影响学生几年乃至一生的职业发展，患得患失的心理压力油然而生。

复杂的人际关系：在高中阶段，学生的社交圈和初中相比有明显的扩大。部分初中同学可能被分流或者走入社会，导致高中生的人际关系变得更加复杂。同学间的竞争关系若隐若现，早恋的现象时有发生，群体排斥乃至校园霸凌等问题也时有出现，智能手机的普及带来社交圈层扩大、关系变复杂等。以上种种因素，让高中生面临的人际关系越来越复杂。

自我认同和价值观的形成：学生自我认同和价值观形成大多在高中阶段。高中阶段，学生的生理发育也基本完成，他们开始关注自己的外貌、体形，希望通过着装打扮展现出自己独特的风格。此外，与初中、大学相比，高中阶段对个人价值观的形成影响也最大。

心理健康管理：上述各方面的变化和压力，往往导致高中生产生情绪波动，心理异常甚至抑郁症等心理疾病。因此，心理健康已经成为学校、学生和家长三方共同关注的敏感话题。

性心理和性教育：高中生生理发育基本完成，但心智仍在发展之中。性心理和性教育成为一个既敏感又重要的领域。部分学生还需要处理恋爱关系乃至性关系的各种问题。

家庭内部压力：高中生父母一般处于中年，往往同时承担着赡养父母和抚育子女的双重责任；职场成功者面临较大的工作压力，失意者则要应对经济和心理的双重压力。不论是在职场还是家庭，只要出现问题，高中生父母必然面临巨大压力。这种压力首先就体现为亲子关系异常，父母的期望值与子女表现之间存在较大距离，导致父母的失望和情绪失落；或者，父母因为工作、夫妻关系、赡养老人问题等情绪紧张或低落，常常将负面情绪传导给孩子。这些紧张的家庭关系和负面情绪，日积月累就会影响学生的心理健康，严重的还会导致自残、出走甚至自杀等恶性事件。

在这个阶段，演绎式的说教已然无力，高中生需要自行探索有效的归纳式经验。然而，在繁重的学业之外单独进行人的综合培养显然不现实，故而站在学生个体发展需要的角度，以单元模块的方式实施学科德育，是一种高效实用的方法。总之，高中阶段是一个充满挑战和机遇的时期。通过提供适当的指导和支持，可以帮助学生更好地应对他们所面临的问题，并充分发挥他们的潜力。

二、高中语文教学施行单元式学科德育的可行性

（一）语文学科特点的适切性

教学具有教育性，各学科教学是除专门性德育以外的另一良好德育途径。中共中央办公厅、国务院办公厅印发的《关于适应新形势进一步加强和改进中小学德育工作的意见》首次提出"学科德育"的概念[①]："德育要寓于各学科教学之中，贯穿于教育教学的各个环节。中小学语文、历史、地理、数学、物理、化学、生物、自然等学科要根据各自的特点，结合教学内容对学生进行爱国主义、社会主义、中国近现代史、基本国情、民族团结和辩证唯物主义世界观教育，以及科学精神、科学方法、科学态度的教育。"[②]学术界关于"学科德育"有着众多的看法，主要可以归纳为两种观点：一种观点认为学科德育就是要在课堂教学的各个环节中进行德育渗透，以期对学生在思想政

---

① 李莎. 论"学科德育"[D]. 上海：华东师范大学，2010：7.
② 中共中央办公厅，国务院办公厅. 关于适应新形势进一步加强和改进中小学德育工作的意见[EB/OL].（2000 - 12 - 14）[2024 - 05 - 25]. https://www.gov.cn/gongbao/content/2001/content_61240.htm

治、道德、心理等方面进行教育。另一种则认为学科德育就是学校所有课程德育内容的累加，即学科德育＝语文学科德育＋数学学科德育＋英语学科德育＋地理学科德育＋历史学科德育……绝大多数人倾向于后者。然而，笔者认为前者更准确，因为它强调了德育在教学过程中的渗透和融合，而非简单的内容累加。

学科德育以学科知识为载体，广泛蕴含于社会学科、自然学科或者其他学科的教材中，并以显性或隐性的方式存在。这就需要科任教师做到融会贯通，在教学过程中有机地渗透德育。可以说，在学科教学中渗透德育，是知识与道德、教学与教育、教书与育人统一的最好体现。高中语文教学本身旨在培养学生的正确价值观和高尚道德情操，目标的真善美和"臻于至善"使得语文学科德育成为学校德育的有效方式之一。因此，合理而充分地利用学科，采用细致而生动的教育方法和手段，在教学中进行德育，对于提高学生的道德水平具有极其重要的作用。

当然，借由这种方式，高中各门学科都蕴含着丰富的德育资源，"学科德育"的关键在于教师要有智慧，能够及时把教材中隐含的、固有的育人内容挖掘出来，并且与传授知识、培养能力有机结合起来，在潜移默化中渗透到学生的心里。这一部分内容本书不做重点讨论。

学科德育不能架设空中楼阁，必须在学科中找到合适的案例，才能有效达成德育的目的。在这一方面，语文学科的优势毋庸置疑。首先，语文学科提供了充足的素材；其次，语文学科总课时量足；最后，语文学科是文理两类考生都需要学习的公共课程。

综上，"语文学科德育"要求语文教师及时挖掘语文教材中所蕴含的丰富的德育因素，在教材教学过程中，运用多种方式方法"潜移默化"地对学生进行德育渗透，达到语文学科的育人目的。在语文教材教学过程中进行德育，是学校德育的一种现实而有效的方式。

（二）高中语文教材的适切性

从宏观上看，道德价值是语文学科的重要内在价值。只要深耕就必定会发现，语文学科的文本或非文本教学材料均具备德育功能。由此，语文学科德育的一类研究方向,便是从语文教材中挖掘德育资源。

这一类研究多以语文的各种文体类型作为切入视角。如郑捍东就古诗文教学中的德育元素,总结出爱国精神、爱民情怀、自然美妙三大德育元素[1]。冯勃对高中诸子散文的德育价值进行探讨,认为可通过诸子的人格魅力引导学生提升自我道德素质[2]。姚兰对部编版高中语文教材中所选录的古诗文进行分析,归纳总结出其中蕴藏的爱国主义、道德修养、良好个性品质等德育资源[3]。此类研究多以静态的文本研究为其主要方法,能够深入文字肌理挖掘德育内涵,具有较强的针对性,为教师提供了学科德育的方向、方法和建议。然而,文体分类探讨的路径也在一定程度上割裂了语文教材,表现在德育资源的挖掘上也会疏于系统性和完整性,造成完整的教材德育资源分析较少,虽有如徐改聪对人教版高中语文教材中的隐性德育课程进行了探究[4],可伴随着时间的推移,在全国语文教材统编的当下,这类研究也不再具备很高的参考意义。

除了文体类型的视角,也有不少研究者从阅读、写作等语文技能型模块着手,探究其中的德育资源。如胡静针对当时通行的几套高中语文教材中的课文阅读教学进行探究,挖掘其中诸多看待世界、人生、是非的德育因素[5]。又如廖健康将视角从教材内投射至教材外,对高中语文课外阅读中的德育渗透进行了剖析。[6] 从课内延伸至课外,这些研究无不体现了研究者对于语文阅读材料德育功能的重视。除阅读之外,写作中的德育价值也为人所关注。如黄志森对高中语文写作教学中的德育因素进行挖掘,认为在写

---

[1] 郑捍东.古诗文教学中的德育功能[J].学校党建与思想教育(普教版),2007(6):63,71.

[2] 冯勃.高中诸子散文德育价值探讨[J].科教文汇,2014(17):2.

[3] 姚兰.论统编版高中语文教科书古诗文教学的德育渗透[J].文学教育(中),2021(9):102-103.

[4] 徐改聪.高中语文教材中的隐性德育课程研究:以人教版高中语文教材为例[J].考试周刊,2017(57):63.

[5] 胡静.高中语文阅读教学中德育的内容概述[J].新教育时代电子杂志(教师版),2015(25):91-91.

[6] 廖健康.高中语文课外阅读中有效进行德育渗透的途径[J].课外语文(下),2021(3):9-10.

作素材的积累中逐渐渗透德育,这种潜移默化的熏陶最终能够提高语文的教学质量。① 这一类研究在挖掘语文教学内容的德育资源之外,更多会进一步给出在阅读、写作或读写结合方面的德育教学策略,为我们提供了资源最终需落实到教学的实践思路。

(三) 高中语文单元教学的适切性

高中语文单元教学的适切性体现在教学目标、内容整合、教学方法、学习评价等多个方面。

教学目标必须契合课程标准。高中语文课程标准对不同阶段学生的语文素养发展有明确要求,单元教学目标能依据课程标准,将宏观的素养目标细化到具体单元,使教学更具针对性。例如,在学习"思辨性阅读与表达"单元时,可将培养学生的逻辑思维、批判性思维等目标落实其中,让学生在具体文本阅读和写作实践中提升相关素养。

教学目标必须符合学生学情。单元教学要充分考虑学生的知识基础、认知水平和心理特点。对于高一新生,起始单元的教学目标会侧重于初高中语文学习的衔接,注重培养良好的学习习惯和基础的语文能力;而对于高三学生,单元教学目标则会更倾向于高考考点的落实和综合能力的提升,帮助学生更好地应对高考。

教学内容要有整合性与系统性。单元教学打破了单篇教学的局限,将多篇文本及相关学习资源进行整合。例如,以"文学阅读与写作"为主题的单元,会选取不同体裁、风格的文学作品,让学生在比较、分析中感受文学的多样性,同时系统地学习文学鉴赏和创作的方法,形成完整的知识体系。

教学内容还要有拓展性与延伸性。单元教学还会根据教学内容进行适当拓展和延伸,引导学生进行深入探究。在学习古代诗歌单元时,除了课本中的诗歌,教师还会推荐相关诗人的其他作品,或引导学生探究诗歌背后的文化背景、历史故事等,拓宽学生的文化视野,加深其对古代诗歌的理解。

---

① 黄志森. 浅谈高中语文写作教学中德育因素的挖掘[J]. 新智慧,2019(20):41.

教学方法应当多样与灵活。单元教学根据不同的教学内容和目标，灵活运用多种教学方法。在"实用性阅读与交流"单元，可采用项目式学习法，让学生分组完成如撰写调查报告、制作宣传海报等任务，在实践中提高语言运用能力；在"中华传统文化经典研习"单元，则可运用诵读法、讨论法等，让学生在诵读中感受经典的韵味，在讨论中加深对传统文化的理解。

教学过程需要自主与合作。单元教学注重培养学生的自主学习能力和合作探究精神。教师会设计一些自主性学习任务，让学生在课前自主预习、查阅资料，课堂上组织学生进行小组合作讨论、展示交流等活动。例如，在"整本书阅读"单元，安排学生分组对作品中的人物形象、主题思想等进行讨论分析，共同完成阅读任务，提高他们学习的主动性和积极性。

学习评价须全面。单元教学评价不再仅仅关注学生的考试成绩，而是从多个维度对学生进行全面评价，包括课堂表现、作业完成情况、小组合作能力、阅读笔记、写作成果等。例如，在一个以"文学鉴赏"为主题的单元中，不仅会评价学生对文学作品的理解和分析能力，还会关注学生在课堂讨论中的发言质量、小组合作中承担的角色和发挥的作用等。

单元教学强调过程性评价，注重对学生学习过程的跟踪和反馈。教师会在单元教学过程中，通过课堂提问、作业批改、阶段性测试等方式，及时了解学生的学习情况，发现问题并及时给予指导和帮助，促进学生不断进步。例如，在一个写作单元中，教师会对学生的写作提纲、初稿、修改稿等进行多次评价，同时提供提示性阅读篇目，整体关注学生在写作过程中的思路拓展、语言表达的提升等。这种系统的培养方式，让学生能够充分认识到个体与整体、过程与思路、目标与实际之间的多重关系，对人的综合培养有思维品质的整体提升。

三、高中语文单元式学科德育目标

德育目标是德育研究领域的核心命题之一，不同时段对德育目标有着不同的定义。

(一) 德育目标的历史变迁

1988 年,《中共中央关于改革和加强中小学德育工作的通知》①规定了德育的内容和目标,包括:

(1) 爱国主义;

(2) 集体主义;

(3) 社会主义民主和遵纪守法;

(4) 劳动教育;

(5) 道德教育和良好心理品质。

1994 年,《中共中央关于进一步加强和改进学校德育工作的若干意见》②提出的德育目标包括:

(1) 五爱:爱祖国、爱人民、爱劳动、爱科学、爱社会主义(核心是爱国、爱集体、爱社会主义);

(2) 以有中国特色社会主义理论为中心的马克思列宁主义理论;

(3) 继承和发扬中华民族优良道德传统;

(4) 素质教育、法制教育、社会公德和职业道德教育。

2000 年,中共中央办公厅、国务院办公厅《关于适应新形势进一步加强和改进中小学德育工作的意见》③则提出了以下目标:

(1) 思想政治教育;

(2) 品德教育;

(3) 纪律教育;

(4) 法制教育。

---

① 中共中央关于改革和加强中小学德育工作的通知[EB/OL]. (1988 - 12 - 25)[2024 - 06 - 07]. http://www. ce. cn/xwzx/gnsz/szyw/200706/07/t20070607 _ 11634665. shtml.

② 中共中央关于进一步加强和改进学校德育工作的若干意见[EB/OL]. (1994 - 08 - 31)[2024 - 06 - 18]. https://baike. baidu. com/item/中共中央关于进一步加强和改进学校德育工作的若干意见/2386268.

③ 中共中央办公厅,国务院办公厅. 关于适应新形势进一步加强和改进中小学德育工作的意见[EB/OL]. (2000 - 12 - 14)[2024 - 05 - 25]. https://www. gov. cn/gongbao/content/2001/content_61240. htm.

2005 年,教育部《关于整体规划大中小学德育体系的意见》①写道:

德育主要是对学生进行政治、思想、道德、法制、心理健康教育。
……

中学教育阶段德育目标是:教育帮助中学生初步形成为建设中国特色社会主义而努力学习的理想,树立民族自尊心、自信心、自豪感;逐步形成公民意识、法律意识、科学意识以及诚实正直、积极进取、自立自强、坚毅勇敢等心理品质,养成良好的社会公德和遵纪守法的行为习惯。 中等职业学校还要帮助学生树立爱岗敬业精神和正确的职业理想。

中学教育阶段德育主要内容是:开展爱国主义、集体主义、社会主义教育,开展中华民族优良传统和中国革命传统教育,开展法制教育和民主、科学教育,开展基本国情和时事教育,开展民族团结教育、国防教育和廉洁教育,开展青春期卫生常识和心理健康教育,开展社会公德和劳动技能教育。中等职业学校还要加强职业道德、劳动纪律和职业规范教育。

2017 年,教育部《中小学德育工作指南》②中,对高中阶段德育工作的目标和内容进行了较为详细和明确的规定,具体如下:

德育目标……高中学段

教育和引导学生热爱中国共产党、热爱祖国、热爱人民,拥护中国特色社会主义道路,弘扬民族精神,增强民族自尊心、自信心和自豪感,增强公民意识、社会责任感和民主法治观念,学习运用马克思主义基本观点和方法观察问题、分析问题和解决问题,学会正确选择人生发展道路的相关知识,具备自主、自立、自强的态度和能力,初步形成正确的世界观、人生观和价值观。

---

① 教育部. 关于整体规划大中小学德育体系的意见[EB/OL]. (2005 - 07 - 19)[2024 - 06 - 18]. http://www. moe. gov. cn/s78/A12/s7060/201007/t20100719_179051. html.
② 教育部. 中小学德育工作指南[EB/OL]. (2017 - 08 - 17)[2024 - 06 - 18]. http:// www. moe. gov. cn/srcsite/A06/s3325/201709/t20170904_313128. html.

德育内容……高中学段

（一）理想信念教育。开展马列主义、毛泽东思想学习教育，加强中国特色社会主义理论体系学习教育，引导学生深入学习习近平总书记系列重要讲话精神，领会党中央治国理政新理念新思想新战略。加强中国历史特别是近现代史教育、革命文化教育、中国特色社会主义宣传教育、中国梦主题宣传教育、时事政策教育，引导学生深入了解中国革命史、中国共产党史、改革开放史和社会主义发展史，继承革命传统，传承红色基因，深刻领会实现中华民族伟大复兴是中华民族近代以来最伟大的梦想，培养学生对党的政治认同、情感认同、价值认同，不断树立为共产主义远大理想和中国特色社会主义共同理想而奋斗的信念和信心。

（二）社会主义核心价值观教育。把社会主义核心价值观融入国民教育全过程，落实到中小学教育教学和管理服务各环节，深入开展爱国主义教育、国情教育、国家安全教育、民族团结教育、法治教育、诚信教育、文明礼仪教育等，引导学生牢牢把握富强、民主、文明、和谐作为国家层面的价值目标，深刻理解自由、平等、公正、法治作为社会层面的价值取向，自觉遵守爱国、敬业、诚信、友善作为公民层面的价值准则，将社会主义核心价值观内化于心、外化于行。

（三）中华优秀传统文化教育。开展家国情怀教育、社会关爱教育和人格修养教育，传承发展中华优秀传统文化，大力弘扬核心思想理念、中华传统美德、中华人文精神，引导学生了解中华优秀传统文化的历史渊源、发展脉络、精神内涵，增强文化自觉和文化自信。

（四）生态文明教育。加强节约教育和环境保护教育，开展大气、土地、水、粮食等资源的基本国情教育，帮助学生了解祖国的大好河山和地理地貌，开展节粮节水节电教育活动，推动实行垃圾分类，倡导绿色消费，引导学生树立尊重自然、顺应自然、保护自然的发展理念，养成勤俭节约、低碳环保、自觉劳动的生活习惯，形成健康文明的生活方式。

（五）心理健康教育。开展认识自我、尊重生命、学会学习、人际交往、情绪调适、升学择业、人生规划以及适应社会生活等方面教育，引导学生增强调控心理、自主自助、应对挫折、适应环境的能力，培养学生健全的人格、积极的心态和良好的个性心理品质。

对照以上不同历史时期的德育要求，并参照既往德育领域的研究成果，可以发现：

（1）学校的德育工作和政治教育一直密不可分，"从'德育即政治教育'到'德育即思想政治教育'、从'德育即思想政治教育'到'德育即思想、政治和品德教育'、从'德育即社会意识教育'到'德育即社会意识与个性心理教育'"。①

（2）不同历史时期，德育目标和内容有一定的共性，保持了基础的一致性和稳定性，都包括了基本的政治部分和道德部分。

（3）不同历史时期，德育目标和内容体现了各自时代的"实用"特点。例如，1988—2000 年更强调法治教育，从 2005 年开始关注心理健康教育；而 2017 则更加关注生态与环境教育。这些都与不同时代社会经济发展水平相一致。

通过分析上述各版本的德育目标，可以看出，德育基本包括了思想、政治、道德几个方面，体现了"大德育"的概念，而非狭义的道德教育。各版本的德育内容从政治理念、价值观、公民教育到心理健康，自上而下，覆盖了"大德育"的全部范围。

（二）"大"德育目标体系

回顾历史，自党的十一届三中全会以来，改革开放数十载，国内国际形势发生了巨大的变化。因此，德育目标也需要应时而动，适应和支持进一步全面深化改革，推进中国式现代化工作。结合高中生的时代特点，在德育工作中，我们使用了一个完整版本的德育目标体系。这个德育目标体系来自教育主管部门，在笔者所在学校也使用了相当一段时间。

"大"德育目标体系

1. 政治认同

1.1　党的领导

---

① 黄向阳. 德育原理［M］. 上海：华东师范大学出版社，2000：1.

      1.1.1 党史

      1.1.2 党的宗旨和使命

      1.1.3 党的组织体系

      1.1.4 党与社会、国家、个人的关系

  1.2 政治制度

      1.2.1 基本制度

      人民代表大会制度、多党合作和政治协商制度、民族区域自治制度、基层群众自治制度等

      1.2.2 具体制度

      选举制度、政党制度、经济制度、分配制度、社会保障制度等

  1.3 科学理论

      1.3.1 马克思主义世界观与方法论

      1.3.2 马克思主义中国化的理论创新

  1.4 发展道路

      1.4.1 历史由来

      1.4.2 现实表现

      1.4.3 未来发展

  1.5 国家意识

      1.5.1 国家利益

      1.5.2 国情观念

      1.5.3 民族团结

      1.5.4 国际视野

2. 文化自信

  2.1 历史文化

  2.2 革命传统

  2.3 时代精神

3. 公民人格

  3.1 健康与生命

3.1.1　生命观

3.1.2　身体健康

3.1.3　心理健康

3.2　人类情感

3.2.1　爱情

3.2.2　亲情

3.2.3　友情

3.2.4　同情

3.3　终身学习

3.4　职业道德

3.4.1　爱岗敬业

3.4.2　诚实守信

3.4.3　团队合作

3.5　遵纪守法

3.5.1　规则意识

3.5.2　法治观念

3.5.3　权利义务

3.6　物质财富

3.6.1　金钱观

3.6.2　环境保护

以上德育目标体系中,"公民人格"部分是近年工作的热点,公民是组成社会的最基本单位,重要性自不待言,从古至今都是德育的重要组成部分。《大学》中说:"古之欲明明德于天下者,先治其国。欲治其国者,先齐其家。欲齐其家者,先修其身。欲修其身者,先正其心。欲正其心者,先诚其意。欲诚其意者,先致其知。致知在格物。"八目中核心环节就是修身,即个人修养。修身从自身到家庭、社会,最后又回归到个人职业。

(三)"小"德育目标体系

上述"大"德育目标体系并不适合直接用于高中语文学科德育,主要是因为其中一些分支理论性较强，本身有独立的学科体系，教学实践中也是以独立的学科形式出现。如果硬要将其加入语文教学内容之中，可能会出现两种情况：要么冲淡了语文教学内容本身，要么浮光掠影，无法深入探讨。所以，本书对上述"大"德育目标体系进行裁剪和调整，以适应语文学科德育工作。

"大"德育目标中，"1.2 政治制度""1.3 科学理论"和"1.4 发展道路"已经由德育专门学科基本覆盖。因此，学科德育的重点就是除了德育学科覆盖之外的内容。相比其他学科，语文学科优势明显，可能并且也应该承担填补德育学科之外多数内容的责任。

结合部编版语文教材内容和教学实践，本书在"大"德育目标体系的基础上进行了筛选和调整，选出了实际德育工作迫切需要，语文教材又能有效支持的"小"德育目标体系。其中，保留并重点加强了爱党、爱国即政治认同部分，并在自身教学实际工作中经过了一定时间的检验。具体内容如下：

"小"德育目标体系

1. 政治认同

　　1.1　爱党——热爱中国共产党

　　　　1.1.1　党的革命传统

　　　　1.1.2　党的现实表现

　　　　1.1.3　马克思主义（世界观与方法论）

　　　　1.1.4　理论创新（马克思主义与中国国情结合）

　　1.2　爱国——热爱中华人民共和国

2. 文化自信——热爱中国历史与传统文化

3. 公民人格

　　3.1　健康与生命

　　　　3.1.1　生命观

　　　　3.1.2　心理健康

　　　　3.1.3　性别观

　　3.2　财富观

3.2.1　勤劳致富

3.2.2　慎财节用

3.3　人类情感

3.3.1　爱情

3.3.2　亲情

3.3.3　友情

3.3.4　同情

3.4　遵纪守法

3.4.1　公平正义

3.4.2　法治观念

3.5　人格品质

3.5.1　爱岗敬业

3.5.2　诚实守信

3.5.3　独立人格

3.5.4　自强不息

3.5.5　终身学习

3.6　人生目标——理想与追求

本书中的高中语文单元式学科德育研究主要在这个"小"德育目标体系下开展。

第二章

以单元为视角的高中语文教科书德育资源

一、如何理解"单元"

高中语文课程标准曾经对"单元"做出清晰阐述：

"语文课程是一门学习祖国语言文字运用的综合性、实践性课程"，其中，综合性强调的是课程内容的整合，包括课程目标的整合、学科素养的整合、课程资源的整合、课程知识的整合、课程实践的整合；实践性则强调让学生在真实的语言运用情境中，自主参与相关实践活动，积累言语经验，完成符合实际需要的特定学习任务。从这样的特点出发，高中语文教材力求创新单元内部组织，设计出由单元导语、课文及注释、学习提示、单元学习任务组成的新型组织架构。其中，课文的呈现方式、单元学习任务更多地体现出整合与实践的特征。课文不再像以往那样基本是单篇成课，或多以文体聚合，而是以主题、内容或写法聚合，打破文体限制，以单篇加多篇的方式组合成单元教学资源，带有明显的整合性质。单元学习任务主要以核心任务为引领，整合单元全部学习内容进行设计，是从人文素养提升、阅读表达能力培养、综合实践素养发展等多个方面设计的结构化的语文实践活动。相信这样的单元组织方式，能够更好地培养学生的语文核心素养。

高中语文单元教学，作为提升语文教学质量、培养学生核心素养的重要途径，其重要性不言而喻。介于课文与教材之间的教学单元，其设计就是为了完成特定的单元教学任务。

单元其实是一种模块认知。"模块"这个概念来源于英语中的"module"

一词,最初是指房屋建筑中使用的标准砖块。后来,这个概念被计算机科学所广泛运用,代指将一个系统或完整程序按功能分解为若干个彼此具有一定独立性、完整性,同时又有一定联系的部分。实现程序的模块化既便于系统和程序发挥整体功能,又能够充分发挥各部分的独特功能。

正是基于模块的这种独特功能,建筑工程设计大师克里斯托弗·亚历山大(Christopher Alexander)在《建筑的永恒之道》中进一步提出了"模式"(pattern)的概念。尽管他的著作是针对城市规划和建筑设计的,但其思想实际上适用于所有的工程设计领域,对高中语文教育也不乏借鉴意义。

亚历山大的"模式",指的是常见问题的最佳解决方案,描述了一些永恒的、适用于任何工程学科的设计原则。这些原则建立在 3 个基本概念的基础上:

(1)无名的质(The Quality Without a Name)——生命与精神的根本准则。

(2)门(The Gate)——通向质的管道。

(3)永恒的道(The Timeless Way)——演化的过程。

在具体应用中,人们更多使用的是亚历山大提出的这种"模式",而不是相对简单的"模块"。但正由于模式相对模块更加抽象,而模块是模式的载体,为了简单起见,本书中更多地讨论模块,讨论如何利用和设计各种模块,以此来实现教学目标。

在笔者看来,语文教学中引进这样一个概念,同样也能够有效适应社会现实对语文课教学和学生发展所提出的实际需求。

1. 定义与特点

高中语文单元教学,是指教师以教材单元为基本单位,通过深入挖掘单元内各篇文章之间的内在联系,对教学内容进行整体规划和设计,以实现教学目标的一种教学方法。其特点主要体现在整体性、系统性和综合性三个方面。整体性要求教师对单元内容进行全面把握,确保教学的连贯性和一致性;系统性则强调教学内容的有序性和层次性,使学生能够循序渐进地掌握知识;综合性则注重知识与能力,过程与方法,情感、态度与价值观的全面发展,培养学生的综合素养。

2. 实施原则

在高中语文单元教学的实施过程中，应遵循以下三个原则。

关联性原则：在教学准备阶段，教师应深入挖掘单元内各篇课文之间的内在关联，找出思想共性或者承上启下的关联。在教学实施阶段，通过对比、分析、归纳等方式，帮助学生理解文章之间的思想关联，深入理解单元主题。

拓展性原则：为数不少的课文是整本书的节选，或者有特定的历史文化环境。教师应在单元课文和教参的基础上积极拓展教学内容，引入专题阅读材料资源，用以让学生充分理解课文主题。此外，还可以引入与主题相关的时事新闻等拓展材料，拓宽学生的视野。

灵活性原则：考虑到教学目标的时效性和学生实际情况的差异，单元教学设置必须具有一定的灵活性，以便教师根据实际情况，适当调整和优化单元教学内容，有效达成教学目标。

3. 实施步骤

高中语文单元教学的实施步骤如下。

（1）单元主题设定：根据教学大纲和学生的实际情况，教师提前确定单元主题和目标。

（2）教学内容选定：教师根据单元主题选择课文和教学内容。由于教学内容的总体范围基本确定，为单元选定课文时，可能产生冲突和竞争，必须根据实际情况做出选择。单元之间的顺序也应仔细考虑，以确保教学内容的连贯性和逻辑性。

（3）教学活动设计：根据教学内容、学生特点和学校的教学资源实际情况，设计各种教学活动，如课外阅读、现场讨论、写作训练、演讲比赛、戏剧表演等。通过提高学生的参与度来达成预期的学习效果。

（4）教学实施：按照教学计划有序实施教学活动的各个具体步骤，观察并记录过程细节，以便及时调整。

（5）评价和调整：对学生的学习成果进行及时评价，可以通过考试、问卷调研、现场访谈等方式，也可以在教学过程中多次进行小规模评价。评价应关注学生的体验和能力提升，通过横向和纵向的综合对比，指导单元教学方案的调整，不断优化单元教学效果。

4. 具体实践——以《诗经》单元教学为例

单元主题:《诗经》的魅力与智慧(8 课时)

教学目标:

(1) 理解《诗经》的基本内容和艺术特色。

(2) 掌握《诗经》中常用的修辞手法和表达方式。

(3) 培养学生欣赏古典文学作品的能力,提升学生的文化素养。

教学内容:

(1)《诗经》的概述与背景介绍。

(2) 精选《诗经》中的经典篇章进行深入解读。

(3) 引入相关文学评论,拓宽学生的学术视野。

教学活动:

(1) 阅读讨论:学生分组阅读《诗经》中的经典篇章,并进行小组讨论,分享自己的阅读感悟。

(2) 写作训练:学生模仿《诗经》中的修辞手法和表达方式,创作一首现代诗歌。

(3) 学术讲座:邀请专家开展《诗经》专题讲座,加深学生对先秦文艺的理解。

教学评价:

(1) 通过课堂讨论和小组汇报,评价学生对《诗经》内容的理解和掌握情况。

(2) 通过学生创作的现代诗歌,评价学生的写作能力和对《诗经》修辞手法的运用情况。

(3) 通过学术讲座的参与度和反馈,评价学生的学习态度和学术素养。

通过以上实践,我们可以看到高中语文单元教学在提升学生核心素养、培养学生综合能力方面的重要作用。同时,教师也应不断探索和实践,不断完善单元教学的方法和策略,以更好地服务于学生的全面发展。

二、部编版教材单元主题德育资源

(一) 资源挖掘方法探究

1. 现有的高中语文学科德育资源方法研究

对包含提升高中生政治认同感在内的高中语文学科德育的学术动态进行系统梳理后,笔者发现近年来在语文学科德育研究方面存在两条重要线索,以下将分别进行阐述。

1) 挖掘资源:高中语文各模块教学的德育功能探究

从宏观上看,道德教育是语文学科的重要内在价值。只要深耕挖掘就必定会发现,语文学科的文本或非文本教学材料均具备德育功能。由此,语文学科德育的一类研究方向,便是从语文教材中挖掘德育资源。

这一类研究多以语文的各种文体类型作为切入视角。这一视角可操作性强,但也存在一定的机械性。以工业革命后的西方自传类作品为例,叙述本身分为作者、读者、作品中的他们等多个角度,很难简单地归类为某一特定类型的小说。因此,建议从阅读、写作等语文技能型模块着手探究其中的德育资源。两者结合的德育价值与德育教学策略,为我们提供了资源最终需落实到教学的实践思路。笔者主持了在上海市实验学校高中阶段全面展开的一项科研性教学。采用了以重组单元内容为突破口,以文体为核心,设计上以整体性策略为主,兼顾开放性、活动性、综合性、主体性、研究性策略,在形式和内容上都进行改革的语文阅读教学方法。这种方法对教师的专业发展、学生的探究精神都有促进意义。

2) 探索方法:高中语文学科德育的单元教学策略研究

从文本探究落实到实践层面,如何在高中语文教学中融合德育目标,采用何种方式的教学策略更为切实有效,便是研究者们所关注的另一类核心问题。

例如,王加蓉指出,对学生的德育渗透需要通过一些艺术性和操作方式,并给出了立足文本、体验角色和言传身教三方面的策略[①]。李静以《师

---

① 王加蓉.春风化雨,润物无声高中语文教学中的德育渗透? [J].吉首大学学报(社会科学版),2014(Z2):103-104.

说》教学为例,通过丰富教学方式、开展多样化课外活动为途径,在高中语文课程中渗透德育,全面提升学生的思想道德修养①。此外,张彦玖认为语文教师应当以情动人、化文为德,将德育渗透到教学中,从而提升教育的效率和质量②。刘将则认为高中语文德育渗透可以从家校合作的角度进行推进,通过布置家校作业、展开家校主题活动的方式进行语文德育教学③。

多年来,各位研究者都在探寻高中语文德育的策略,以求给出一些课堂上与课堂外值得参考和模仿的实施策略。这种努力既言明了学科德育推进的重要性,又指出了在微观层面上明确的研究方向,即寻找确实可行的策略。

不过回归教材,我们可以发现:单元是一个基本的教学单位。每个单元开头都列有明确的教学要求,用以统率该单元的阅读训练、表达训练和语文知识教学。阅读训练根据教学要求有所侧重,以讲读课文带动阅读课文,学生在阅读提示的指导下认真阅读,并通过练习逐步形成阅读能力。国内的单元教学法影响很大:就形式而言,它类似于章回体小说,结构简单明了。就内容而言,单元内容相近,便于整体学习,方便比较阅读。无论是人教版、浙教版,还是上海市的 H 版、S 版④,乃至"二期课改"教材、部编教材,无不采用这种编写法。

笔者认为,在真实教学中,单元并不是教师自行编撰和组织的。虽然单元方法对于实际学情的推进有统一性,但缺乏个体性。亦即,用单元方法编写教材是好的,但在实际使用这些教材时就会出现如下问题:从教材编写到教材运用有时间差,其间的选文怎么办? 如何更体现选文的地域性? 如何兼顾学生的个体差异?

基于以上考虑,教师既要遵从教材单元本身,更要有重组单元的意识,

---

① 李静. 浅析立德树人教育理念下高中语文教学中德育元素的渗透途径[J]. 新课程,2020(24):60－61.

② 张彦玖. 以情动人,化文为德:对高中语文教学中德育渗透的思考[J]. 科教导刊(下旬刊),2020(27):145－146.

③ 刘将. 家校合作视野下高中语文德育渗透策略探究[J]. 科学咨询,2021(17):30.

④ 上海的 H 版、S 版教材现已不用。

进行大学段教材的整体认知和单元设计。这种对教材宏观的整体把握是教师成长的标志，也能在学情分析后有针对性推进品德养成。

2. 本书对德育资源的挖掘

根据现有的高中语文学科德育研究，我们发现，语文学科德育已经展现出了重要的育人作用。研究的主要路径根据前文梳理，可以归纳为两大方面：其一，挖掘高中语文教材中能够发挥德育功能的教学资源；其二，寻找高中语文融合德育的具体途径。两者均具有可参考的现实意义。

在两条路径的已有研究中，我们能够总结出一定的经验与可扩充的研究空间。第一，高中语文部编版教材尚未得到系统与完整的德育资源挖掘，对于高中语文教学内容的探究，往往按照古诗文、现代文等分类进行，在一定程度上疏于整体性。相对完整的教学内容德育视角探掘在之前各版教材中或有研究者推进，但自部编版高中语文教材推行至今，尚未有学者或教师在教学中对高一至高三的五本教材进行过德育资源系统梳理。因此，本书将首先关注高中语文部编版教材的全部内容，对其中的德育资源按照德育目标进行系统的文本梳理。

第二，本书也会按照一贯扎根至教学实践的路径推行，寻找一定切实可行的途径，将教学内容中的德育资源落实到高中生的教育中去。在已有研究中所总结出的如扎根文本、体验角色、课堂活动、课外活动、家校合作等教育策略，均已展现出一定的可行性，也会在本书研究过程中选择一定适合的策略进行再验证。另外，考虑到实践层面与教材内容的契合程度，本书研究选择以单元主题视角切入，实现高中语文学科德育在教学内容和教学方式上的一贯性。

第三，根据政治认同、国家意识、文化自信和人格养成的四项一级德育目标，可选择以提升高中生政治认同作为首要突破口。语文教材比较注重家国情怀，但政治认同常被概念混淆。研究表明，在高中生语文教学层面融入党史教育等，以提升培养学生的政治思想作为思政学科的外延补充，具备可行性与重要性。此类研究在小学阶段有研究者进行过教材文本挖掘，但尚未于高中学段有过实践研究。因此，可致力于通过提升高中生政治认同感来实现培养社会主义的建设者和姿班人的目标，通过校园实践，取得新的研究突破。

选择哪个角度切入可商榷,但是必须和实际教学水乳交融,避免机械地割裂与脱节。

(二)德育资源具体分析:高中语文必修上册(节选)

1. 第1册1单元《沁园春·长沙》

《沁园春·长沙》是毛泽东的词作。作品除了具有极高的文学价值外,还展现了作者深厚的历史文化功底,在精练的文字中,蕴藏了大量历史文化知识。以下是词中的部分历史典故及其解释。

"同学少年":出自杜甫诗《秋兴八首》第三首:"同学少年多不贱,五陵衣马自轻肥。"原意是描述当年的同窗好友现在大多成了富贵之人。毛泽东在词中化用此句,却无杜甫的失落感,而是借此表达将来大家都能实现理想抱负的愿景。

"挥斥方遒":化自《庄子·田子方》"夫至人者,上窥青天,下潜黄泉,挥斥八极,神气不变"。毛泽东在词中用"挥斥方遒"来描绘革命青年的热情奔放和劲头正足。

"粪土当年万户侯":此句除了常提到的与《离骚》中的"苏粪壤以充帏兮,谓申椒其不芳"有关外,还借用西汉飞将军李广的故事,表达诗人及革命青年将功名利禄视为粪土的情感。这种对权贵的不屑与蔑视,体现了革命者的崇高理想和坚定信念。

"中流击水,浪遏飞舟":化用东晋名将祖逖北伐时"中流击楫"的典故。祖逖曾中流击楫,发誓要恢复中原。毛泽东在词中用"中流击水"来比喻革命者在革命的风浪中奋勇前进的豪情,同时兼用夸张手法抒发了自己的豪迈气概。

这些历史典故的巧妙运用,不仅丰富了《沁园春·长沙》的文化内涵,也增强了词的艺术感染力。通过这些典故,我们可以更深入地理解伟人的革命情怀和崇高理想。

2. 第1册1单元《致云雀》

《致云雀》是英国诗人雪莱的经典之作,诗歌的主题是对自由的追求。

从诗歌的主角看：诗中的云雀代表着风一样的自由，它不受地面的束缚，能够"向上，再向高处飞翔，从地面你一跃而上，像一片烈火的轻云，掠过蔚蓝的天心，永远歌唱着飞翔，飞翔着歌唱"，在天空中自由地驰骋、欢唱。这种无拘无束的飞翔姿态，正是自由的生动体现，展现了一种摆脱一切羁绊、自由自在的境界，表达出诗人对自由的渴望与向往。

从诗歌的背景看：雪莱创作这首诗时，英国社会正处于黑暗和恐怖之中，大规模的圈地运动使百姓流离失所，工人流落街头，经济危机严重，人们生活困苦。在这样的社会环境下，人们的自由受到极大限制，诗人通过对云雀自由形象的描绘，借物抒怀，表达了自己以及英国人民对自由的强烈渴望，希望像云雀一样摆脱社会的黑暗与束缚，获得自由。

从诗歌的主题看：整首诗围绕云雀展开，赞美了云雀的自由、欢乐等品质。云雀的自由不仅体现在身体的飞翔上，还体现在它的精神层面。它没有烦恼、没有忧虑，不为尘世的痛苦所困扰，能够自由地表达自己的情感，自由地享受生活的快乐。诗人对云雀的赞美，实则是对自由生活、自由精神的赞美，反映出诗人对自由的追求和对理想生活的向往。

3. 第 1 册 1 单元《百合花》

《百合花》是一篇与生命德育紧密相关的小说，体现了对生命的珍视，展现了人性的美好。

一方面，小说中，细腻的人物刻画和情节，深刻体现了对生命的珍视。小通讯员的突然牺牲和新媳妇的赠被之举，透露出对生命的尊重。小通讯员的无私与勇敢深深触动了人们的心。新媳妇把自己陪嫁的新被子送给小通讯员下葬，不仅是对小通讯员最高敬意的表达，也体现了她内心的成长与转变。这种对生命的珍爱和尊重，可用于引导学生更加珍惜生命，理解生命的价值与意义。

另一方面，《百合花》也展现了人性的美好与善良。即使面对着残酷的战争，小说中的人物依然保持着对美好生活的向往和追求。他们之间的互助与关爱，是人性中的温暖与坚韧一面的鲜活体现。这种对人性的正向展现，可用于引导学生更加关注人性中的积极面，培养其同情心和爱心。

4. 第1册1单元《哦,香雪》

《哦,香雪》体现了一种淳朴的物质财富观,即追求物质财富要靠自己的努力。

第一,贫穷不代表低贱。香雪在公社中学,被同学嘲笑台儿沟的贫穷,每天只能吃两顿饭,没有漂亮的文具盒等。然而,香雪并未因此而气馁、自卑,而是勇敢地靠自己努力去追求财富。在火车上,她和女伴们抓紧时间把整筐的鸡蛋、红枣举上火车窗口,换回台儿沟少见的挂面、火柴等物品。这种通过劳动换取报酬的方式,体现了香雪对于金钱和物质的正确认识。

第二,香雪在面对女学生赠送的铅笔盒时,虽然非常渴望拥有,但她并没有因为自己的贫穷而轻易接受别人的馈赠。她坚持要用鸡蛋去换,即使在女学生一再表示不需要鸡蛋、愿意直接送给她的情况下,香雪依然坚持自己的原则,最终在火车停顿的几秒钟里,悄悄地把鸡蛋塞到了女学生的座位下面,这种行为体现了香雪淳朴的金钱观。

5. 第1册2单元《喜看稻菽千重浪——记首届国家最高科技奖获得者袁隆平》

这篇课文体现了"爱岗敬业"的人格品质,这一人格品质在袁隆平身上得到了淋漓尽致的展现。

袁隆平选择的科研方向,是有几分"土气"的,没有高精尖的实验设备,有的只是不断地选种、育种、再选、再育。长期在农田现场,袁隆平的皮肤黝黑,更像农民而不是科学家。2001年春节刚过,袁隆平在领奖前仍在稻田里工作,这正是爱岗敬业的生动体现。他不仅仅把农业科研当作一份职业,更将其视为自己毕生的追求和使命。

爱岗敬业的另一重要表现在于袁隆平在科研过程中严谨认真的态度和勤奋努力的付出。他亲自下田观察、实验,始终坚守在科研一线,这样的他不仅很好地体现了专业素养,更彰显了对农业科研事业的深厚情感。

课文让我们了解到,袁隆平在杂交水稻研究过程中的种种关键节点上,都展现出了高尚的敬业精神,让人们看到了他对农业科研事业的无限热爱和执着追求。

6. 第1册2单元《心有一团火，温暖众人心》

张秉贵是一位百货大楼的售货员，从20世纪50年代工作到80年代。当时很多百货大楼售货员缺乏服务意识，对顾客态度生硬。可张秉贵却是一个例外，他数十年如一日热情服务，展现了爱岗敬业的深刻内涵。

张秉贵在工作岗位上刻苦练就了"一抓准""一口清"的服务技能，被消费者亲切地誉为"燕京第九景"。这种对业务的精通和熟练，正是爱岗敬业的重要体现。他不仅仅把售货当作一份工作，更将其视为一种使命和责任，全心全意地投入其中。

文章记叙了张秉贵的许多事迹，如用糖哄哭闹的小孩、给要赶火车的顾客提前称糖并悉心指路、接待气呼呼的女顾客等，以体现其热情体贴、细致周到、诚恳耐心的品质。张秉贵不仅对顾客颇为关心和照顾，对工作也无比热爱和投入。顾客的需求始终被他放在首位，以身作则地诠释了爱岗敬业的人格品质。

不仅如此，张秉贵还通过不断学习来提升自己的服务技能，更好地服务顾客。他利用公休日到糖果厂参观访问，学习糖果的制作和营养知识，以便更好地向顾客介绍和推荐产品。这一举动体现了他在工作上不断追求进步的作用，同样也是他爱岗敬业的重要表现。

7. 第1册2单元《"探界者"钟扬》

"探界者"钟扬的事迹体现了他高度的职业操守和专业精神。他热爱科学事业，不追求物质生活品质，却全身心致力于种子事业和科普工作。这种对科学的热爱和执着，正是职业道德中敬业精神的体现。他不仅在科研上付出了巨大的努力，还积极将科学知识普及给大众，展现了科学家应有的社会责任感。

钟扬常常身处恶劣的环境中，即使身体不适，也从来不懈怠工作，始终坚持在科研一线积极工作。这种为了科学事业不惜牺牲个人健康和利益的忘我精神，是职业奉献精神的典范。

与此同时，他心怀祖国和人民，有理想、有远见。钟扬的研究不仅关注学术前沿，更着眼于国家和人民的需求，为人类的可持续发展贡献了自己的力量。这种心系民生的广大胸怀，生动体现了职业道德中的爱国情怀和担当精神。

"探界者"钟扬以其种种可贵的高尚品质及其对生命的探索,展现了当代科学家的人格品质。他的事迹和精神不仅为我们树立了学习的榜样,也激励着广大科技工作者不断前行。

8. 第1册2单元《以工匠精神雕琢时代品质》

《以工匠精神雕琢时代品质》中阐述的职业道德主要体现在以下几方面:爱岗敬业、精益求精、专注如一以及追求卓越。

文中所写的工匠精神中的爱岗敬业正是职业道德的核心之一,要求从业者对自己的职业怀有深厚的热爱和崇高的敬意,将职业视为实现自我价值和社会价值的重要途径。这种精神驱使从业者在工作中全身心地投入,并坚持不懈地提升自己的职业技能和职业素养,每一个工作细节都以高涨的责任感和使命感对待。

课文还提到,工匠精神的一项重要体现是精益求精,这一点也是职业道德的重要组成部分,要求从业者在工作中不断追求卓越和完美的产品与服务。这种精神驱使从业者精细化地打磨和优化每一个工作环节,以确保最终成果的质量达到甚至超越客户的期望。

除此以外,专注如一也是工匠精神所强调的职业道德,要求从业者在工作中保持高度的专注和耐心,不被外界干扰分心、分神,全心全意地投入工作中去。这种精神能推动从业者深入钻研业务,掌握核心技能。

职业道德的终极追求,也正是工匠精神的最高境界:追求卓越。追求卓越的过程,是指从业者在工作中不断挑战自我,超越自我,以更高的目标和更大的成就为个人追求。这种精神激励着从业者不断创新和进步,为社会的进步和发展贡献自己的力量。

从综合评价的要求看,职业体验是高中阶段生涯规划的建议推行部分,事实上对于学生的人生规划至关重要。工匠精神的培养可以从职业体验开始。

9. 第1册2单元《芣苢》

《诗经·周南》中的《芣苢》以中国古典诗歌的形式深刻表达了生命与劳动的主题。

　　《诗经》是中华文化的瑰宝,它记录了古代人民的生活、情感和智慧,是中华优秀传统文化的重要组成部分。《芣苢》作为其中的一篇,描绘的是古代人民采集芣苢的场景,展现了古代社会风貌和人民生活状态的一隅。这种对历史的记录和传承,正是文化自信的一种体现。

　　从内容上来看,《芣苢》蕴含了宝贵的人文精神。通过这首诗,我们可以看出古代人民对自然的敬畏和感恩,对劳动的赞美和珍视,以及对生活的热爱和乐观。这些人文精神构成了优秀传统文化的核心价值,体现了中华民族的精神追求和道德准则。对《芣苢》的学习有助于理解中华民族的精神世界,从而增强对优秀传统文化的自信和认同。

　　与此同时,《芣苢》在艺术形式上的独特性和美感也与文化自信息息相关。《芣苢》具备独特的韵律和节奏,富有中国古代诗歌的魅力和韵味。它的语言简练而生动,意象鲜明而富有象征意义。通过欣赏和品味这首诗,可以真切地感受中华文化的博大精深和独特感染力。

　　另一方面,《芣苢》也对劳动光荣的主题有所阐释。

　　《芣苢》描绘了一群女子在田野间欢快采摘芣苢的场景,反映了劳动过程的欢乐和劳动成果的积累。这种对劳动的细致描绘,传达了劳动者们的熟稔技艺以及对劳动的热爱和尊重。诗歌采用的重章叠唱形式,也切中了劳动光荣的主题。全诗三章十二句,只有"采""有""掇""捋""袺""襭"六个动词不断变化,其余全是重叠。这种独特的诗歌形式,不仅增强了诗歌的节奏感和韵律美,更通过反复吟唱,营造劳动者互相激励、团结作业的高昂气势,将劳动者的喜悦心情和劳动的光荣感充分表达了出来。

　　从历史与社会的角度看,《芣苢》中的劳动场景并非孤立存在,而是与当时的社会生活紧密相连。在春日和煦的阳光下,少女们相约去山间采摘芣苢,边摘边聊,心情愉快,即兴唱起山歌。这种劳动不仅是生活的必需,更是一种享受和乐趣,将劳动和对生活的热爱密切地结合在一起。

　　放眼整个华夏民族的历史,《诗经》蕴含的劳动精神和对劳动的赞美,对后世产生了深远的影响,形成了崇尚劳动、热爱劳动、辛勤劳动、诚实劳动的良好品质。新时代的劳动教育也应注重对劳动精神的涵养,这与《芣苢》中体现的劳动光荣主题是一脉相承的。

10. 第1册2单元《插秧歌》

杨万里的《插秧歌》通过生动描绘劳动场景、赞美劳动者的辛勤付出以及展现劳动的成果和价值，深刻体现了劳动光荣的主题。

从内容上看，诗歌生动描绘了紧张繁忙的劳动场景，展现了劳动者的辛勤与付出。诗中"田夫抛秧田妇接，小儿拔秧大儿插"描绘了全家老少齐上阵，分工合作、共同劳作的画面，体现了劳动中的团结协作和家庭的温馨。这种对劳动场景的细腻描绘，不仅让读者感受到了劳动的紧张与忙碌，更看到了劳动者们的不辞辛劳、辛勤耕耘，从而体现了劳动的光荣与伟大。

从写作手法上看，诗歌运用比喻和白描，进一步强调了劳动的艰辛与劳动者的坚韧。如用"兜鍪"和"甲"比喻"笠"和"蓑"，形象地描绘了劳动者在雨中抢插稻苗的艰辛场景，暗示抢插稻苗就像一场紧张的战斗。这种对劳动艰辛的生动刻画，不仅让读者更加深刻地理解了劳动者的不易，更增强了劳动者坚韧不拔、吃苦耐劳的精神风貌的感染力，从而更加尊重劳动、崇尚劳动。

该诗还通过展现劳动的成果和价值，彰显了劳动的光荣与意义。诗中虽然并未直接提及劳动的光荣，但通过对劳动场景的正面描绘和对劳动者辛勤付出的赞颂，反映了劳动所带来的丰收和喜悦。同时，诗歌也暗含一个重要的中心思想：只有通过辛勤劳动，才能创造美好生活，实现人生价值。这种对劳动成果的肯定和对劳动价值的认同，正是劳动光荣的最好体现，对劳动精神的最好表达。

11. 第1册3单元《短歌行》

《短歌行》体现了曹操豁达洒脱且积极进取的生命观。

《短歌行》开篇即以"对酒当歌，人生几何？"这一问句直击人心，曹操以酒为伴，面对浩渺的宇宙和短暂的人生，发出了深沉的感慨。他深知人生短暂，如同朝露般易逝，这种对时间流逝的无奈，是每一个有识之士在面对生命时都会产生的共鸣。但曹操并未沉溺于这种哀叹之中，而是选择了一种乐观豁达的态度来面对人生，在困境中依然保持乐观。这既体现了曹操作为一代枭雄的坚韧和豁达，也启示人们要在面对人生困境时，保持积极的心态，秉持坚强执着的精神，克服万难，勇敢前行。

对理想的坚定信念和执着追求也是生命观的重要部分。诗中"山不厌高,海不厌深。周公吐哺,天下归心"四句,表达了曹操对人生目标的无限追求和对理想的坚定执着。

《短歌行》不仅是一首充满豪情壮志和对人生深刻思考的诗歌,更是一部传达了曹操生命观和求贤之道的经典之作。它以深邃的思想和独特的艺术感染力,启迪着人们深入思考生命的意义和价值,也驱使着人们不断追求自己的理想和抱负,激发积极向上、奋发向前的动力和勇气。

12. 第1册3单元《归园田居(其一)》

《归园田居(其一)》体现了对生命本质的追寻和对身心健康的向往。

在本诗中,陶渊明借田园生活的恬静与美好,表达了对世俗生活的厌倦和对大自然的挚爱。他向往寻找内心的宁静,渴望重回绿色的山水之间,远离车马喧嚣的城市生活。陶渊明视田园生活为一个远离尘嚣、回归自然的环境,可以放松和疗愈身心。诗中描绘的田园环境不仅让人感受到生命的活力和美好,还有助于缓解压力、舒缓情绪,对身心健康具有积极影响。

陶渊明在诗中表达了对官场强烈的厌倦态度,认为田园生活是一种人从功利社会向大自然的"回归"。重新定位和选择个人的生命价值,也是追寻生命本质的一部分。《归园田居(其一)》不仅是一首描绘田园生活的诗歌,更是一首探讨生命意义和精神境界的诗歌。它启示人们要淡泊世俗的名利,关注自己的精神世界,实现内心的平静和自由,从而保持健康和愉悦。

此外,陶渊明的饮酒系列也值得单独研究,因为它在他的诗歌中占有重要地位,反映了他对生活的态度和对精神自由的追求。

13. 第1册3单元《梦游天姥吟留别》

《梦游天姥吟留别》与传统文化紧密相连,主要体现在其中浓缩的道教文化和盛唐文化。

这首充满了神仙、道教等元素的诗颇有几分仙风道骨的味道。诗中以梦游的形式,描绘了诗人游览天姥山的奇幻经历和所见所闻,其中融入了道教的仙境、仙人等超自然元素,可见道教文化对李白诗歌创作具有深远影响。这种对道教文化的融会,不仅丰富了诗歌的内涵,也反映了当时社会对道教文化的崇尚和追求。

《梦游天姥吟留别》作为盛唐文化的代表,是中华盛唐文化浓缩的精华。这首诗以记梦为由,抒写了对光明、自由的渴望,对黑暗现实的不满,以及蔑视权贵、不卑不屈的叛逆精神。这种精神气质与盛唐时期开放包容、自信昂扬的文化氛围紧密相连。同时,大量丰富奇特的想象和大胆夸张的手法被运用在诗歌当中,正是盛唐诗歌的瑰丽斑斓和变化莫测的艺术风格的良好体现。

此外,诗歌的构思和意境也深受传统文化的影响。全诗构思精密,意境雄伟,将现实与梦境巧妙地结合在一起,形成了亦虚亦实、亦幻亦真的艺术效果。李白卓越的文学才能和传统文化中对于梦境、仙境等超自然现象的神秘向往和追求相辅相成,形成了全诗独树一帜、梦幻而磅礴的艺术效果。

14. 第 1 册 3 单元《登高》

怎样理解《登高》中的爱国主义情怀? 应引导学生认识到这首诗表达了诗人对国家命运的忧虑和对人民疾苦的关切。

《登高》开篇便以"风急天高猿啸哀,渚清沙白鸟飞回"两句,勾勒出一幅萧瑟的秋景图。急风、高天、哀猿、清渚、白沙、飞鸟,全是秋天的凄凉与孤独,更隐喻着当时社会的动荡与不安。接着,"无边落木萧萧下,不尽长江滚滚来"两句,进一步渲染了秋天的气息。落叶飘零,如细雨般沙沙作响,象征着生命的消逝与时间的流逝;长江奔腾,滚滚东流,则让人感受到历史的滚滚向前和国家的兴衰更替。杜甫深知,国家的兴衰与人民的命运息息相关,而自己的身世之悲也正是国家不幸的缩影。

所以在诗歌的后半部分,诗人将笔触转向了自己的身世和境遇。"万里悲秋常作客,百年多病独登台",这已经不是单纯的诉苦,而是诗人精神境界的体现,以己悲映射出国之不幸,表达了对国家命运的深切关怀。最后,"艰难苦恨繁霜鬓,潦倒新停浊酒杯"两句,将诗人的爱国主义情怀推向了高潮。诗人尽管深知自己身世艰难,生活困苦,却并没有因此沉沦,而是从个人的苦难出发,联想到国家的命运。他为自己无力回天的衰老而感到悲愤的同时,又因为无能为力而痛心。

这是一种深沉而朴素的爱国主义精神。这种精神不仅在当时具有积极的意义,对于当代的我们来说,依然是宝贵的财富和启示。在当今社会,我们同样需要以个体绵薄之力,尽可能发扬爱国主义精神,关注国家和人民的共同命运。高中生理解"秋风悲老杜"的深刻含义,认识到个人的理想与国家的命运不可分割,自然而然地就会产生为中华民族的伟大复兴事业贡献力量的激情。

浪漫的李白是痛并快乐着,沉郁的杜甫是苦并坚毅着!

15. 第1册3单元《琵琶行并序》

白居易的《琵琶行》是众生平等的共鸣。这首诗不仅描绘了琴女的精湛琴技和她的悲惨遭遇,还表达了诗人对琴女的同情,并借机抒发自己因无辜被贬而滋生的愤懑情绪,体现了诗人内心的情感波动。

在《琵琶行》中,白居易听过琴女的故事后,感同身受地抒发了自己沦落天涯的失意与沮丧。这种情绪的宣泄,对于长期抑郁不得志的诗人而言,起到了一定程度的安抚作用,有助于其心志的再次坚定。另外,诗人与琴女尽管身份地位悬殊,但他们的境遇相似,情感能够达到共鸣,也是同情心、同理心在调节心理状态的过程中发挥作用的一种体现。

从心理学角度来看,《琵琶行》中的琵琶曲被解读为人情之声,是剥离了物质和技艺后的情绪流露。它不仅能体现诗人的真实情感,也反映了人类共有的情感体验,有助于读者在阅读过程中与其共情,进而对自己的心理健康产生调节,帮助他们更好地理解和处理自己的情绪。

16. 第1册3单元《念奴娇·赤壁怀古》

《念奴娇·赤壁怀古》是宋代文学家苏轼的豪放词代表作,全词借古抒怀,雄浑苍凉,大气磅礴,展现了作者深邃的历史思考和复杂的人生感慨。词的上阕以赤壁的壮丽景色为引子,描绘了一幅大江向东奔流、浪涛汹涌、山石嶙峋高峻的景象。"大江东去,浪淘尽,千古风流人物",开篇便以宏大的笔触,将长江的滚滚东流与千古英雄人物的命运紧密相连,象征着时光的流逝和历史的沧桑。"乱石穿空,惊涛拍岸,卷起千堆雪",则进一步以生动的细节,刻画出赤壁的雄奇景观,营造出开阔雄壮的意境。

词的下阕紧接着转向对周瑜形象的再现和赞美。"遥想公瑾当年,小乔初嫁了,雄姿英发。羽扇纶巾,谈笑间,樯橹灰飞烟灭",这几句以简洁而富有画面感的语言,描绘了周瑜年轻有为、英姿勃发的形象,以及他在赤壁之战中的卓越战功。通过周瑜的形象,作者不仅表达了对古代英雄的敬仰,也暗含了自己壮志难酬的感慨。

从全词来看,词人巧妙地融入了其对人生和历史的思考。作为儒道释三位一体的苏轼,他的人生哲学中包含了对人生短暂、功业未就的无奈和悲凉,但是他始终不放下"鹤鸣九皋"的旷达,故而有深远关注历史和人生的态度,这种态度能引导学生将个人的情感融入对历史和自然的感悟之中。

在具体的教学中,笔者设计了"苏轼单元"共计 6 课时,通过对《念奴娇·赤壁怀古》等作品的深入分析,帮助学生更好地理解苏轼的思想和艺术风格,促进整体的境界提升。

17. 第 1 册 3 单元《永遇乐·京口北固亭怀古》

《永遇乐·京口北固亭怀古》是爱国主义词人辛弃疾的浓烈真挚的情感表达。"千古江山,英雄无觅孙仲谋处。舞榭歌台,风流总被雨打风吹去。"全词开篇,辛弃疾便以雄浑的笔触,勾勒出一幅历史长河的画卷。在这幅画卷中,千古江山依旧,然而那些曾经在这片土地上建功立业的英雄们,却早已被历史的尘埃掩埋。辛弃疾在词中抒发了他对历史的深切感慨,体现其对往昔英雄们的敬仰和怀念,并且隐含着他对国家命运的深切关怀。

接下来,辛弃疾笔锋一转,开始具体地追忆历史上的英雄人物,如孙权和刘裕。他们都是在国家危难之际挺身而出、建功立业的杰出代表。这种在国家危难时期依然矢志不渝地坚守爱国信念、勇于担当的精神,正是良好爱国主义精神的生动体现,也与"疾风知劲草,板荡见忠臣"的意境不谋而合。在国家遭遇危机时,真正的英雄会像劲草一样,在疾风中屹立不倒;会像忠臣一样,在动荡中坚守信念,为国家的繁荣富强而持续奋斗。

当然,辛弃疾并未止步于此。他还在词中讽刺了那些在国家危难之际选择苟安求和、不思进取的统治者,如刘义隆,表达不要因为一时的困难而放弃抗争,反而应该坚定信念,积极寻求救亡图存之道——从正反两面表达对国家命运的深切关怀和对爱国精神的坚守,进一步凸显了爱国主义精神。

18. 第 1 册 3 单元《声声慢·寻寻觅觅》

《声声慢·寻寻觅觅》虽主要抒发的是李清照个人的愁苦情绪,但其中也蕴含着深厚的爱国情怀,体现了她与国家命运紧密相连的深切关怀。

从词的内容来看,这是李清照在南渡后,面对国破家亡、天涯沦落的悲惨境遇所作。词中通过描写残秋所见、所闻、所感,抒发了她因这些不幸而产生的孤寂落寞、悲凉愁苦的心绪。这种心绪不仅是对个人命运的哀叹,更对当时国家动荡、民族危亡的深刻反映。

从词的整体风格来看,《声声慢·寻寻觅觅》一字一泪,风格深沉凝重,哀婉凄苦。这种风格不仅细腻动人地抒发了个人情感,更对当时国家命运多舛、民族遭受苦难的黑暗时局发出了控诉。李清照通过这首词,将自己的命运映射到国家的命运,展现了她深沉的爱国情怀和对国家命运的深切关怀。

故而,学生能够理解易安居士言"词,别是一家",词简意赅!

19. 第1册6单元《劝学》

《劝学》比较特殊,更接近德育方法论,而不是具体德育内容分支的阐述。《劝学》中的德育思想主要体现为强调个人修养与道德教育的重要性。荀子在《劝学》中特别提到"君子博学而日参省乎己,则知明而行无过矣",这句话直接体现了德育的核心方法——品德修养指导法,也称自我教育法。这种方法要求个体通过广泛学习和不断反省自身,以达到聪慧明达、行为无过的境界。这种强调个人自我反省和修养的德育方法,至今仍具有重要的指导意义。

进一步地,《劝学》中的德育思想还体现在对终身学习、教学相长、实践重要性以及环境对人影响的深刻认识上。例如,"学不可以已"体现了终身学习的理念,鼓励人们不断追求知识和智慧。同时,"青,取之于蓝,而青于蓝;冰,水为之,而寒于水"则通过比喻说明了教学相长的道理,即学生可以通过学习超越老师,实现自我提升。此外,《劝学》还强调了实践的重要性,认为"吾尝终日而思矣,不如须臾之所学也",即实践是检验真理的唯一标准,只有通过实践才能真正掌握知识和技能。同时,荀子也注意到了环境对人的影响,提出"蓬生麻中,不扶而直;白沙在涅,与之俱黑",强调了选择良好环境对于个人品德修养的重要性。

《劝学》中的德育思想不仅强调了个人修养和道德教育的重要性,还提供了具体的方法和途径,如广泛学习、自我反省、终身学习、实践检验以及选择良好环境等,这些对于培养具有高尚品德和良好行为习惯的人才具有重要的指导意义。因此,这篇文章更适合教师深入研究育人方法,帮助他们更好地理解和实施有效的德育实践。

20. 第1册6单元《师说》

韩愈的《师说》不仅深刻探讨了教师的角色和意义,还对学习本身提出了独到的见解和感悟。文章开篇便以一句"人非生而知之者,孰能无惑?"鲜明地指出了学习的重要性和必要性。韩愈认为,人并非生来无所不知,人人都有各自的疑惑,所以为了解决疑惑、获取知识,学习是必经之路。在此基础上,他进一步强调,学习不单单是知识的机械积累,还是道德修养和人格完善的过程。人们可以通过学习不断提升自我,摆脱愚昧和困惑,进而达到更高的精神境界。

在学习的态度和方法上,韩愈提倡一种持之以恒、谦虚谨慎的精神。他指出,学习不是一朝一夕的事情,需要长期的努力和坚持,不能因为一时的困难而放弃或因为片刻的成就而自满。此外,韩愈还强调了学习应当具有广泛性,认为学习者需要广泛涉猎各种知识,不能局限于某一领域或某一本书,这样才能拓宽视野,丰富学识。

对于学习的目标和标准,韩愈在文中给出了明确的答案。他提出"学无常师,道之所存,师之所存",意味着学习的目标不是简单的知识积累,而是对真理的追求和道德的完善。在追求"道"的过程中,任何能够传授对真理和道德的理解的人都有资格成为老师。这一观点打破了教师的传统定义,强调了学习具备主动性和选择性,认为学习者可以且应该根据自己的需要和兴趣,在学习的内容和方式上有所选择。

韩愈在《师说》中对学习的见解,在当时就颇具革新意义,而且至今也依然具有重要的指导价值。他的学习观强调了学习的终身性、广泛性和目的性,对现代教育理念产生了深远的影响。在知识更新日益加速的今天,韩愈的学习观更是提醒我们,学习不仅仅是为了应付考试或追求职业成功,更应注重个人的全面发展和精神追求。对教师而言,《师说》也是方法论的文章,提醒我们作为教师的终极教育目标是什么,显然,仅仅是教授知识的单一性学科教师是远远不够的!

21. 第1册6单元《反对党八股（节选）》

在《反对党八股（节选）》中，毛泽东以马克思主义的辩证唯物主义和历史唯物主义思想为指导，对党八股进行了深刻批判。文中明确指出了党八股的种种消极影响，并强调了以马克思主义的辩证唯物主义和历史唯物主义思想为指导，在实事求是的原则下反对党八股。毛泽东批判了党八股中的主观主义、教条主义、经验主义等错误倾向，这些倾向都无一例外地违背了唯物主义的根本原则。毛泽东指出，党八股是主观主义和宗派主义的宣传工具或表现形式，其在事实上割裂了党和群众之间的交流，阻碍了党的正确思想的传播。因此，党八股不仅是文风问题，更是党风问题，是关系党的思想政治建设的重要问题。

此文对于AI时代的教育有相当的预示：一切从实际出发，客观公正地发现问题、分析问题、解决问题，才符合唯物主义的根本要求。在我们这个时代，发现问题并会提问是本质上的先进。

22. 第1册6单元《拿来主义》

"拿来主义"与文化自信、主动学习具有不可分割的密切联系。

在文中，鲁迅主张在面对舶来文化和本土传统之间的矛盾时，应主动选择、吸取精华、去其糟粕。这种态度本身就体现了一种文化自信，它基于对本土传统的深刻理解和对外来文化的理性审视，以及对文化多元性的认同和尊重。在鲁迅看来，文化自信并非盲目自大，而是建立在理性分析和批判基础上的自我肯定和提升，启发人们如何正确理解和践行文化自信。

同时，《拿来主义》所倡导的文化态度与主动学习的理念不谋而合。主动学习是一种终身学习的理念，强调个体应当在整个生命周期中持续不断地学习和成长，而《拿来主义》则为此提供了一种有效的学习方法。它鼓励人们放开眼界，博采众长，打破束缚，汲取营养，以丰富自己的知识和精神世界。这种学习态度不仅对个人的全面发展有所裨益，也是推动社会进步、促进文化创新的关键力量。这种文化自信和批判性思维的培养，正是终身学习过程中不可或缺的重要素质。

23. 第1册6单元《读书：目的和前提》

在《读书：目的和前提》中，我们可以发现读书与终身学习的紧密联系。

对于读书这一行为,黑塞认为它是获取教养、实现自我完善的重要途径,而这种追求是无止境的,与终身学习的理念不谋而合。他指出,真正的修养并不追求任何具体的目的,而是为了自我完善,找到生活的意义。这种对知识和精神的持续追求,正是终身学习的核心理念。我们可以通过读书不断地充实自己的精神世界,提升自己的素养,并进一步使生活更加丰富多彩。

同时,黑塞强调了读书过程的重要性超出其结果。他认为,善于读书的人并不追求数量,只追求心灵的获得,这才是有效的阅读。我们注重持续性的学习和成长,而不是简单、机械地积累知识的数量。

最后,黑塞提到了研读世界文学是获得教养的重要途径之一。这实际上也是在强调视野和跨文化交流的重要性。在全球化程度日益深化的今天,我们需要持续地拓宽视野,以探索了解不同文化和思想,才能以博学、包容的姿态去适应、融入这个多元化的世界。通过对世界文学的研读,我们可以领略人类所思、所求的广阔和丰盈,从而建立起与整个人类文明息息相通的生动联系。

24. 第1册6单元《上图书馆》

在《上图书馆》中,作者详细描述了不同图书馆的环境氛围,如清华大学图书馆的温馨灯光、牛津大学包德林图书馆的静谧庄严等。这样的环境不仅为读者提供了舒适的学习空间,更在潜移默化中传递着尊重知识、追求真理的道德观念。图书馆作为公共空间,其秩序井然、宁静致远的氛围有助于培养读者的自律性和专注力,这些都是终身学习不可或缺的素质。

文中提及的各类书籍不仅体现了作者的知识结构,更展现了其广泛的知识兴趣和不懈的知识追求。通过对经典作品的阅读,作者学会了批判性思考,形成了独立判断的能力,这无疑是终身学习过程中的重要里程碑。此外,书籍中展现的历史智慧、人生哲理等,对读者的道德观念和行为准则产生了深远影响。

尽管本文主要围绕个人阅读经历展开,但从字里行间也透露出与图书管理员、同学等之间存在许多温暖亲切的互动。这些互动虽未直接描述,但可以从作者对图书馆环境的珍视以及对阅读时光的怀念中感受到。良好的人际关系和互相之间的尊重同样是图书馆文化的重要组成部分。这种文化氛围对读者的品德养成具有积极的示范作用。

《上图书馆》以其独特的视角和深刻的内涵,提供给青年求知的生动范例。它启示我们,不论年龄、职业或学历,任何人都应保持对知识的渴望、对学习的热情。图书馆作为终身学习的重要支撑,其价值不仅在于为学习者提供物质资源,更在于以其浓厚的文化氛围激发学习者的精神追求和文化自觉。因此,我们可以充分利用图书馆资源,将自身兴趣和社会需求相结合,制订合理的、契合自身发展的学习计划,从而在学习中实现个人价值的最大化。

25. 第1册7单元《故都的秋》

《故都的秋》描绘了北平之秋的"清、静、悲凉"之美,使读者在身临其境地欣赏美景的同时,审美能力和艺术鉴赏力也得到提升。郁达夫融入了大量的中国独有的传统文化元素,如陶然亭的芦花、钓鱼台的柳影等,这些文化符号不仅丰富了文章的内涵,也有助于中华优秀传统文化的传承和弘扬,暗含了作者对中华传统文化的热爱。

全文展现了中国北方秋季的独特魅力。尽管秋天象征着成熟与收获,但也是生命的衰老与消逝的一种预示。文中通过对秋景的描绘,引发人们对时间流逝、生命短暂的思考和共鸣,从而让人们更加珍惜眼前的生活和时光。

26. 第1册7单元《荷塘月色》

《荷塘月色》体现了作者朱自清苦闷彷徨的心境,这恰恰是精英知识分子的"杜甫精神"。

朱自清在写《荷塘月色》时,正值1927年4月,中国社会因蒋介石发起的四一二反革命政变而陷入一片混乱,共产党和国民党左派一起遭受了沉重打击。在这样的白色恐怖里,朱自清作为知识分子,既反感国民党的"反革命",又对中国的前路心怀疑惧,陷入了苦闷彷徨之中。在这种心境下,朱自清下意识地也想寻找一个避难所,如文中所描绘的"荷塘月色"那样安宁美丽的地方,来保持知识分子的相对独立,以逃避现实的纷扰。

然而,面对黑暗现实,朱自清无法完全安心于这种"超然"状态,内心充满了挣扎和矛盾。这种苦闷彷徨的心境在文中被真切地描摹出来。他通过对荷塘月色的细腻描写,流露出自己对美好生活的热切向往。

许多复杂的情感相交织,使得《荷塘月色》成为一篇充满诗意和深情的散文,也让学生自如地体会到"人与社会、时代"的多层交织。

27. 第 1 册 7 单元《我与地坛（节选）》

《我与地坛（节选）》通过文字传达了史铁生对健康和生命的珍视与思考。在文中,史铁生详细描述了自己失去行走功能心灵受到的巨大打击。他坐在轮椅上,甚至瘫痪在床时,那种无力感让人心生悲凉与同情。不过,正是因为这样的经历,让他更加深切地体会到了健康的重要性,以及生命的脆弱与宝贵。

史铁生通过地坛这一象征性场所,表达了对生命的敬畏和热爱。他在地坛中观察四季变迁,感受生命的律动,并进一步思考生存与死亡的意义。这种对生命的深度反思,一方面体现在他对自身命运的接纳和超越上,另一方面也体现在他对其他生命个体的关怀和同情上。文章启示我们,健康是生命之根,是享受生活的基石;而生命则是一趟旅程,充满了挑战和机遇。健康和生命值得我们倍加珍惜,应以积极的态度面对生活中的困难与挑战。

《我与地坛（节选）》中的母爱深沉而伟大。史铁生以细腻动人的笔触记述了母亲对他的无私关爱与深切理解。母亲在他因病瘫痪后,始终不离不弃,用博大无私的爱抚平了他遭受的巨大创伤。母亲的理解与陪伴,更是让史铁生在面对生命的苦难与挑战时,有了更多的勇气和力量。史铁生通过感怀母亲的无私奉献、理解陪伴,引发读者的共鸣,感受到母爱强大而坚韧的力量。

建议将《我与地坛》与史铁生的《合欢树》形成阅读姊妹篇。在生命教育尤其重要的今天,这两篇文堪称一类范文,能够引导学生深刻理解母爱的价值和生命的意义。

28. 第 1 册 7 单元《赤壁赋》

苏轼对后世知识分子乃至整个中华文化圈都有着巨大的影响。他的《赤壁赋》深刻体现了中国传统文化的底蕴,尤其是儒道释三家思想的融合。

儒家思想在苏轼作品中体现为苏轼对人生道德和社会责任的关注。他秉持着儒家的入世精神,表达了对历史英雄的怀念和对人生意义的思考。同时,在困苦环境中坚持追求道德人格品质的自我完善,也体现了儒家士大夫以追求精神圆满为崇高目标的思想。佛教思想则体现在苏轼对人生无常和超脱的看法上。他借用佛教的"超世"观念,以水和月为喻来化解人生忧患问题,揭示了事物瞬息变化中却蕴含着永恒的道理。对"变"与"不变"的辩证思考,正是得益于佛家思想的启示。道教思想则在苏轼对自然和自由的向往上有所反映。他以道家的避世精神,提出了与自然和谐共生的追求,品味清风明月等自然之美。同时,道家的无为而治、顺应自然的观念也在文中有迹可循。

这种融合,不仅丰富了《赤壁赋》的内涵,也帮助我们更好地理解中国传统文化,为文化探索提供了新的视角,即苏轼独树一帜的生命观。苏轼在赋中表达了对生命短暂和无常的深刻认识。通过描绘赤壁的历史变迁和眼前的自然景象,将人生与天地、沧海、长江相比,表达了对生命渺小和短暂的感慨。然而,苏轼并未因此而沉溺于悲伤之中,而是以一种豁达开朗的态度去坦然面对。他认为,天地万物时刻都在变化,但同时又都是永恒的。这种对变与不变的辩证思考,揭示了万物不断运动的共同本质,让他得以超脱地看待生命的种种境遇,不受一时的得失所困扰。

苏轼在官场几度起落,却一直以豁达的心态笑对人间。他认为人生就像一场梦,所有的得失荣辱都是过眼云烟。因此,他主张以一种豁达乐观的心态来面对人生的种种挑战和困境。这种态度不仅体现在他对生命短暂和无常的认识上,也体现在他对名利和物质的超脱态度上。他明白世间万物都有其归属,不是自己的就不应强求,这种观点能帮助人们保持一份清醒和淡然,不被功名利禄所束缚。

29. 第 1 册 7 单元《登泰山记》

泰山作为五岳之首,在中华文化中有着特殊的意义。《登泰山记》是姚鼐创作的泰山题材著名散文,体现了桐城派古文的特点:注重义理、考据、辞章三者兼长,讲究内容和形式的关系,尤其在写景散文方面有着独特成就。

《登泰山记》是姚鼐在乾隆年间创作,文章描述了作者冒雪登泰山观赏日出的经历,生动描绘了泰山的雄奇形势,并考察纠正了关于泰山的记载的错误。该文文字简洁生动,写景尤为出色,不仅展现了姚鼐深厚的文学功底,也充分体现了桐城派古文的特点和风格。通过《登泰山记》,我们可以感受到姚鼐对泰山的热爱和对自然的敬畏,同时也能领略到桐城派古文在写景方面的独特魅力。

(三) 德育资源具体分析:高中语文必修下册(节选)

1. 第2册1单元《子路、曾皙、冉有、公西华侍坐》

《子路、曾皙、冉有、公西华侍坐》中,四位弟子的志向可以深思儒家秉持的理念,并用当下的角度去引发思考。

政治理想:子路、冉有、公西华的志向体现了儒家"为国以礼""仁政德治"的主张。子路欲以军事和礼教治理中等国家,冉有想先使百姓富足再兴礼乐,公西华侧重在礼仪活动中维护秩序。他们都期望通过不同方式实现国家的安定、和谐与发展,彰显了儒家对礼义、民生和文化教育在国家治理中的重视。

教育理念:文中展现了孔子"因材施教"与"启发式教学"的教育理念。面对弟子们,孔子依据其性格、才能等特点引导对话,鼓励他们表达想法,激发思考,不直接灌输观点,充分体现了儒家教育理念的智慧与特色。

人生态度:子路等三人展现了积极入世精神,渴望从政报国,这是儒家倡导的担当精神;曾皙描绘的春游和乐之景,则体现了淡泊名利、追求内心自在的态度,反映儒家在追求事业同时也重视内心宁静与生活热爱的态度,两者皆为儒家人生态度的重要体现。

时代愿景:师生间的融洽对话呈现出人际关系的和谐,契合儒家倡导的相互尊重和关爱的理念。曾皙所绘之景更是社会和谐的理想展现,体现儒家通过道德和礼义追求社会稳定有序、人民安居乐业的愿景。

2. 第2册1单元《齐桓晋文之事》

《齐桓晋文之事》体现了孟子思想中对人民及人民作用的重视。具体来说,可以从以下三个方面进行分析。

(1) 对人民地位的高度重视。孟子明确提出"保民而王"的主张,将"民"置于国家治理的核心位置。他认为君主的统治能否稳固、能否成就王业,关键在于是否能够得到百姓的拥护和支持。例如,孟子以齐宣王"以羊易牛"的事例,引导齐宣王认识到其内心深处的"不忍之心",并强调这种"不忍之心"应推及到对百姓的关爱上。这充分体现了孟子对人民地位的重视,他把人民看作国家的根本,是君主得天下的基础。

(2)对人民作用的深刻认识。孟子指出得民心是君主能否得天下的关键所在,"得民心有道,所欲与之聚之,所恶勿施尔也",说明统治者只有满足人民的需求,关注人民的利益,才能赢得民心,进而实现国家的长治久安和繁荣昌盛。若统治者不施仁政,忽视人民的作用,违背人民的意愿,就会失去民心,进而导致国家的衰败和灭亡。

(3)以人民利益为根本出发点和落脚点。孟子的整个思想体系都是围绕着如何实现人民的利益和福祉展开的。他倡导统治者施行仁政,轻徭薄赋,使民有恒产,让百姓能够安居乐业,过上富足的生活。孟子的理想是建立一个"老者衣帛食肉,黎民不饥不寒"的和谐社会,这充分体现了他以人民利益为根本出发点和落脚点的思想。

3. 第2册1单元《庖丁解牛》

《庖丁解牛》对生命和健康有着深刻的理解。

顺应自然规律:庖丁解牛时"依乎天理,批大郤,导大窾,因其固然",他顺着牛的自然生理结构去解剖,而不是强行切割,所以能够游刃有余,刀刃也不易受损。这启示人们在对待自己的身体时,也要顺应身体的自然规律。例如,人体有自身的生物钟和生理节奏,保持规律的作息、合理的饮食和适度的运动等,都是顺应身体自然规律的表现。通过这种方式,可以使身体各器官正常运转,维持良好的健康状态,避免因过度劳累、暴饮暴食等违背自然规律的行为而损害身体。

避免过度消耗:庖丁的刀用了十九年仍然锋利如初,是因为他在解牛过程中,不盲目地砍削,而是巧妙地避开筋骨交错的地方,"彼节者有间,而刀刃者无厚;以无厚入有间,恢恢乎其于游刃有余矣"。这意味着在生活中,人们要避免对生命和健康的过度消耗。现代人常常面临着工作压力大、生活节奏快等问题,容易陷入过度劳累、焦虑等状态,这就像是用刀去砍坚硬的骨头一样,会对身体和心理健康造成极大的伤害。因此,要学会合理安排生活和工作,避免过度消耗自己的精力和体力,给生命和健康留出足够的休息和恢复的时间。

追求精神自由以升华生命:庖丁解牛结束后,"提刀而立,为之四顾,为之踌躇满志",他从解牛这件事中获得了精神上的满足和自由,这种精神上的愉悦和自由对于生命的质量和健康有着深远的影响。当人们能够摆脱世俗的功名利禄的束缚,追求自己真正感兴趣的事物,实现自己的人生价值时,会获得一种内心的充实和满足。这种精神上的富足能够提升生命的质量,使人们更加积极乐观地面对生活,从而对身体健康也起到积极的促进作用。

这三个层次逐步上升,讲理透彻,适合作为生命教育的范本。

4. 第2册1单元《烛之武退秦师》

《烛之武退秦师》体现了鲜明而丰富的国家意识。

士大夫的国家意识:烛之武在郑国面临秦、晋围郑的危急关头,虽已年迈且长期未受重用,但他不计个人得失和恩怨,毅然接受使命,挺身而出拯救郑国。这表明他将个人命运与国家命运紧密相连,把国家利益置于首位,体现了强烈的国家意识和使命感。

士大夫的卓越才能:烛之武在说服秦伯的过程中,凭借其卓越的智慧和对各国形势的精准把握,巧妙地利用秦、晋之间的矛盾,成功地劝退了秦军,化解了郑国的危机。他的言辞中处处流露着对郑国国家利益的维护和对国家生存的关切,展现出烛之武的政治能力和优秀辩才。

士大夫的国家谋略:秦国在参与围郑的过程中,始终以本国利益为出发点进行决策。秦伯听取烛之武的分析后,权衡利弊,认为攻打郑国可能会损害秦国的利益,而与郑国结盟则可能带来更多好处,从而完成了对郑国态度的转变。这体现了秦国对自身国家利益的高度重视和对国家战略目标的清晰把握,以及其成熟发达的国家意识。

士子精神,这种国家意识在今天仍然具有重要意义。"为党育人、为国育才"的理念强调了培养学生的国家意识和社会责任感的重要性。

5. 第2册1单元《鸿门宴》

在《鸿门宴》中,"义"只是一个关键词,团结和怎样团结才是至关重要的。

项羽之"义"：项羽在得知刘邦"欲王关中"后，本欲以武力讨伐，但在鸿门宴上，面对范增的多次示意以及项庄的舞剑暗示，他却犹豫不决，最终没有下令击杀刘邦。这种行为源于他内心的"义"，他曾与刘邦结拜为兄弟，他坚守着这份兄弟之义，不愿背负"不义"之名。项羽的"义"更多地体现为一种个人的道德准则和江湖义气，缺乏对政治局势的深刻考量。他的"义"使他错失了在鸿门宴上铲除刘邦的最佳时机，为日后自己的失败埋下了隐患，从政治角度看，这种"义"显得有些迂腐和短视，但也正是这种"义"，塑造了项羽光明磊落、重情重义的英雄形象，展现了他性格中单纯和正直的一面。

樊哙之"义"：当得知鸿门宴上刘邦处境危险时，樊哙毫不犹豫地持剑拥盾闯入营帐，直面项羽。他在项羽面前慷慨陈词，为刘邦辩护，指出刘邦"先破秦入咸阳，毫毛不敢有所近，封闭宫室，还军霸上，以待大王来"，强调刘邦的功劳和对项羽的忠诚，斥责项羽听信小人之言，欲杀有功之人是不义之举。这是对主公的忠诚和对正义的维护。樊哙不顾个人安危，挺身而出，是出于对刘邦的忠义之情，同时也是秉持着一种正义的观念，认为项羽欲杀刘邦是违背道义的行为。他的"义"表现得果敢、坚决，充满了英雄气概，不仅成功地化解了刘邦的危机，也展现了他作为一个勇士的高尚品德和坚定信念。

《鸿门宴》中也展现了刘邦团队与项羽团队截然不同的团队合作情况，刘邦团队的高效合作与决策能力，使刘邦果断采纳"请往谓项伯，言沛公不敢背项王也"的策略，这种领导者与谋士之间的默契配合，为应对危机奠定了基础。按照当代作战的要求看，情报收集与传递的高效，行动上默契十足。反之，项羽团队的合作却一步步陷入困境，决策分歧成为致命因素，内部矛盾日益显现，执行力不足也成为必然的结果。

6. 第2册2单元《窦娥冤（节选）》

《窦娥冤》第三折是全剧的高潮，从多方面反映了法治相关的问题。

司法黑暗是中国封建历史上官逼民反的根本原因：楚州太守桃杌在审理窦娥案件时，不查明真相，仅靠严刑逼供和主观臆断来断案。窦娥被押赴刑场时唱道，"我只道官吏每还覆勘，怎将咱屈斩首在长街"，深刻地揭示了官吏们敷衍公事、草菅人命的行径。

刑讯逼供的危害：窦娥遭受了"千般打拷，万种凌逼"，在这种暴力逼迫下屈打成招。刑讯逼供不仅严重侵犯了窦娥的人身权利，也使案件的审理偏离了真相，导致了冤案的发生。

程序正义的缺失：按照正常的司法程序，死刑案件应该经过严格的复核等环节，但在剧中，窦娥从被屈打成招到处斩，整个过程极为仓促，没有体现出任何有效的复核与监督机制。太守桃杌第二天就将窦娥绑赴刑场，致使窦娥没有机会通过正常程序为自己申冤。

教师要找到转折的点，引导学生认识到对公正法治的渴望与诉求。窦娥在赴刑场途中，发出了"地也，你不分好歹何为地？天也，你错勘贤愚枉做天"的呐喊，这不仅是对天地的控诉，也是对当时黑暗司法制度的强烈抗议。窦娥临刑前发下"血溅白绫、六月飞雪、大旱三年"的三桩誓愿，以一种极端的方式表达了对公正的渴望和对司法黑暗的抗争。在无法依靠现实司法制度实现公正时，她只能将希望寄托于超自然力量，这是当时社会黑暗的无奈之举。

对现代法治的启示可以让学生深入讨论：如何确保司法公正？现代法治建设必须确保司法机关依法独立公正行使职权，严格遵循以事实为依据、以法律为准绳的原则，防止权力滥用和司法腐败，让每一个案件都能得到公正的审理，使民众能够在司法活动中感受到公平正义。比如保障人权与禁止刑讯逼供：剧中刑讯逼供导致窦娥蒙冤的情节，警示着现代法治要坚决禁止任何形式的刑讯逼供，切实保障犯罪嫌疑人、被告人的合法权益，加强对人权的司法保障，遵循无罪推定原则，通过合法、科学的手段收集证据，避免冤假错案的发生。

又如强化程序法治观念：第三折所展现的司法程序的随意性和不严谨，提醒人们程序正义是实现实体正义的重要保障。现代法治要不断完善和严格执行程序法，确保司法活动严格按照法定程序进行，实现司法过程的公开、透明、公正，充分保障当事人的诉讼权利。

7. 第2册2单元《雷雨（节选）》

《雷雨》的德育切入可以从两个角度进行探讨。

（1）从时间角度谈人性。

青年时期——纯真的爱恋。三十年前，周朴园是封建家庭的大少爷，涉世未深，而鲁侍萍是周家的侍女，美丽温柔。两人朝夕相处，周朴园对鲁侍萍产生了纯真的爱情，他们相恋并同居，还育有两个儿子。这段感情没有功利色彩，是青年男女初萌恋态的自然结果，如同周萍对四凤的感情一样，是美好而值得赞许的。

分离之后——复杂的怀念。周朴园与鲁侍萍分离后，遇到了爱情生活的不如意，他的历任妻子都不能令他完全满意。于是，他开始怀念与鲁侍萍同居的那段甜蜜岁月。他记得鲁侍萍的生日，把她当正式嫁给周家的人看待，一直使用鲁侍萍用过的家具，保留着她生孩子后怕风连夏天也关窗的习惯，还到处打听鲁侍萍的下落，甚至准备给她修坟。这种怀念在一定程度上是出于弥补自己内心愧疚的心理，是一种自我安慰和自我麻醉。在周朴园的怀念中，他将自己对鲁侍萍的感情进行了一定程度的美化，他觉得自己虽然有罪于前，却能补过于后，仍然是多情而高贵的，从而卸掉了良心和道义上的重负，使心理趋于平衡和充实。

重逢之时——现实的绝情。当三十年后周朴园与鲁侍萍在周公馆意外重逢时，他的第一反应是紧张和惊恐，连声质问"你来干什么？""谁指使你来的？"他以为鲁侍萍的出现是来敲诈他或者破坏他的名誉地位的。在得知鲁侍萍是无意间找来后，他又企图软硬兼施，一方面想用话语打消鲁侍萍可能对他造成的威胁；另一方面想用金钱收买鲁侍萍，让她永远不再提起过去的事情。在现实的利害面前，他对鲁侍萍的那点怀念和感情瞬间被击得粉碎。

（2）从鲁侍萍的感情变化看矛盾本质。

曾经的深情：鲁侍萍年轻时与周朴园相爱，她将自己的真情都给了周朴园，为他生儿育女，对这段感情抱有美好的期待。

被抛弃后的痛苦与怨恨：周朴园的抛弃让鲁侍萍陷入了极度的痛苦之中，她带着孩子投河自尽，虽被人救起，但这段经历让她对周朴园充满了怨恨。她看清了周朴园的自私和虚伪，也明白了他们之间阶级的差异。

重逢时的恨深爱浅：三十年后与周朴园重逢，鲁侍萍的内心是复杂的。她既有对过去痛苦经历的回忆和怨恨，也有对周朴园的一丝旧情。但她还是保持了自己的尊严,没有接受周朴园的金钱收买,也没有被他的虚情假意所迷惑,而是毅然决然地揭露了他的丑恶嘴脸,表达了自己对他的轻蔑和不屑。

优秀的剧本比一般的文章更具有深入研究的价值,它们通过人物和情节深刻地揭示了社会的复杂性和人性的矛盾。切莫将这类经典作品简单处理为"分角色朗读"。

8. 第2册2单元《哈姆雷特(节选)》

(1)《哈姆雷特》第三幕展现了复杂而矛盾的爱情、亲情与友情。

爱情——

痛苦与无奈:哈姆雷特与奥菲利娅之间的爱情充满了痛苦与无奈。哈姆雷特为了复仇装疯,对奥菲利娅时而冷漠时而疯狂。在第三幕中,他对奥菲利娅看似冷酷无情,实则是他在复仇的重压下,不想连累奥菲利娅,内心痛苦又无奈的表现。而奥菲利娅深爱着哈姆雷特,面对他的"疯癫"和冷漠,感到无比痛苦和迷茫,不明白为何两人的爱情会变成这样。

被利用与牺牲:奥菲利娅的父亲波洛涅斯为了向国王克劳狄斯表忠心,利用奥菲利娅去试探哈姆雷特是否真疯,将她作为棋子卷入宫廷斗争。奥菲利娅在这场爱情与权力的博弈中,成为无辜的牺牲品,她的爱情在外界的干扰和破坏下逐渐走向悲剧。

亲情——

爱恨交织的母子情:哈姆雷特与母亲乔特鲁德之间的亲情是复杂的爱恨交织。一方面,哈姆雷特对母亲在父亲死后迅速改嫁叔叔克劳狄斯感到极度失望和愤怒,认为母亲背叛了父亲,背叛了他们曾经的家庭。他在与母亲对峙时,言辞激烈地指责母亲"你已经大大得罪了你的父亲"。另一方面,哈姆雷特内心深处仍然爱着母亲,希望母亲能够认识到自己的错误,他说,"来,来,坐下来,你不能走,我要把一面镜子放在你的面前,让你看一看你自己的灵魂",试图让母亲正视自己的行为。

虚伪的叔侄情:哈姆雷特与叔叔克劳狄斯之间表面上是叔侄关系,实际上充满了仇恨和算计。克劳狄斯为了篡夺王位,杀害了哈姆雷特的父亲,还试图除掉哈姆雷特以绝后患。在第三幕中,克劳狄斯利用波洛涅斯等人来试探哈姆雷特,时刻提防着他的复仇行动,完全没有叔侄之间的亲情可言。而哈姆雷特对克劳狄斯则是充满了仇恨,一心想要为父报仇,两人之间是你死我活的政治敌对。

友情——

忠诚与信任:忠诚与信任是哈姆雷特与霍拉旭之间友情的关键所在,也体现了良好友情必备的因素。霍拉旭始终坚定地站在哈姆雷特身边,支持他的复仇计划。在第三幕的"戏中戏"环节,哈姆雷特向霍拉旭透露了自己的计划,他也不负哈姆雷特的期望,认真地完成了任务。

被考验的友情:在第三幕中,哈姆雷特的同学罗森格兰兹和吉尔登斯吞受国王克劳狄斯的指派,前来试探哈姆雷特是否真疯。他们与哈姆雷特曾经是朋友,但在权力和利益的诱惑下,选择了背叛友情,成为克劳狄斯的帮凶。

(2) 如何处理"生存还是毁灭"这段独白? 可以从复杂而深邃的生命观入手。

对生命苦难的深刻认知:哈姆雷特意识到生命充满了无尽的苦难与折磨。他看到了社会的黑暗、人性的丑恶以及宫廷中的阴谋与罪恶,感受到了命运的无常和人生的无奈。诸如"压迫者的凌辱、傲慢者的冷眼、被轻蔑的爱情的惨痛、法律的迁延、官吏的横暴和费尽辛勤所换来的小人的鄙视"等,这些都让他觉得生命是一种沉重的负担,生存就是在苦难的泥沼中挣扎。

对生死抉择的艰难权衡:哈姆雷特深知生存意味着要继续承受生命中的种种苦难,要面对复仇的艰难和责任的重压,还要在充满虚伪和罪恶的世界中挣扎。这种生存的痛苦让他对生命产生了怀疑和厌倦,甚至想要通过死亡来摆脱。

对生命意义的执着探寻:哈姆雷特从复仇中寻找意义,这种复仇不仅仅是出于个人的仇恨,更是追求正义和探寻生命意义的道路。他以复仇为替父亲讨回公道的唯一方式,借此恢复社会的秩序和正义,从而赋予自己的生命崇高的价值和意义。

这部戏剧是一个极其优秀的读本,能引发高中生对生命本质的思考。"生存还是毁灭"的经典独白也是哈姆雷特深入思考生命本质的体现。生命不应仅仅是简单的存在,更应该是一种对真理、正义和美好等崇高价值的追求。在思考中,他不断追问生命的价值和意义,试图超越表象,探寻生命的真正内涵。我们一直强调要对生命怀有敬畏与尊重,哈姆雷特没有选择轻易地放弃生命,而是坚毅地在痛苦中不断挣扎和思考,从理解生命、敬畏生命,最终懂得了珍惜生命。

9. 第2册5单元《在〈人民报〉创刊纪念会上的演说》

马克思在《在〈人民报〉创刊纪念会上的演说》中,充分展现了马克思主义世界观与方法论。

（1）唯物史观。

社会发展的动力:马克思指出,"蒸汽、电力和自动走锭纺纱机甚至比巴尔贝斯、拉斯拜尔和布朗基诸位公民更危险万分",这体现了他的唯物史观中关于生产力是社会发展根本动力的观点。他认为,生产力的发展,如工业革命带来的技术进步,会引发社会的深刻变革,推动社会形态从低级向高级发展。

阶级斗争的作用:马克思强调,现代工业和科学与现代贫困和衰颓之间的对抗,是生产力与生产关系矛盾的体现,而这种矛盾在阶级社会中表现为阶级斗争。阶级斗争是推动阶级社会发展的直接动力,无产阶级与资产阶级的斗争将促使社会变革,为更高级的社会形态的到来创造条件。

辩证思维:矛盾的对立统一。马克思分析了工业革命带来的双重影响,一方面,工业和科学的发展是人类生产力的巨大进步;另一方面,这种发展却伴随着贫困和衰颓的加剧,财富集中在少数资本家手中,工人阶级陷入悲惨的境地。这体现了马克思主义的辩证思维,即事物是矛盾的统一体,任何事物的发展都具有两面性。马克思强调要全面、客观地看待事物的发展。

历史发展的辩证性:马克思认为,虽然资本主义社会存在着种种矛盾和弊端,但这些矛盾并非是不可调和的,而是会在历史的发展过程中,通过自身的内在矛盾运动,孕育出解决矛盾的力量和条件。资本主义的发展为自身的灭亡和社会主义的诞生创造了物质基础和阶级基础,这体现了马克思对历史发展辩证规律的深刻认识。

（2）方法论:实践与理论。

理论与实践的统一:马克思主义世界观强调理论来源于实践,又指导实践。在演说中,马克思的理论分析是基于对当时社会现实的深入观察和研究,是从工人阶级的斗争实践中总结出来的。同时,他的理论又为工人阶级的斗争提供了指导,号召工人阶级认识到自己的历史使命,团结起来,通过革命实践推翻资本主义制度。

改造世界的使命:马克思指出,"哲学家们只是用不同的方式解释世界,问题在于改变世界"。这充分体现了马克思主义以实践为基础的根本特征,强调认识世界的目的是改造世界。马克思主义世界观与方法论不是抽象的理论思辨,而是指导无产阶级和广大人民群众进行革命实践,实现人类解放和社会进步的强大思想武器。

人民群众的历史作用:马克思认为,人民群众是历史的创造者,是推动社会发展的决定性力量。在资本主义社会中,工人阶级虽然处于被压迫的地位,但他们是最革命、最有前途的阶级,具有伟大的历史使命。只有依靠人民群众的力量,才能推翻资本主义制度,实现社会的变革和进步。

在实际操作中,这一课可以与高中思想政治老师一起配合完成,通过对马克思主义基本原理的深入解读,引导学生理解马克思主义的实践性和人民群众在历史中的重要作用。

10. 第2册5单元《在马克思墓前的讲话》

《在马克思墓前的讲话》一文,字里行间饱含着深厚的战友情。

沉痛的悼念之情:开篇恩格斯就以沉痛的语气宣告:"3月14日下午两点三刻,当代最伟大的思想家停止思想了。"这种对马克思逝世时间精确到"两点三刻"的表述,体现了恩格斯对这一时刻的刻骨铭心,"停止思想"的措辞也饱含着对失去战友的悲痛与不舍,让人们深切感受到他内心的巨大哀伤。恩格斯对与马克思阴阳两隔的无奈和沉痛,仿佛整个世界都因马克思的离去而变得黯淡。

高度的敬仰与赞誉:恩格斯对马克思的理论贡献给予了极高的评价,称马克思发现了人类历史的发展规律和剩余价值规律,将其比作达尔文发现有机界的发展规律,强调了马克思的理论如同自然科学领域的重大发现一样,具有划时代的意义。恩格斯还指出马克思在其他众多领域都有独到的发现,"他作为科学家就是这样。但是这在他身上远不是主要的",进而强调马克思"首先是一个革命家",高度赞扬了马克思为无产阶级革命事业不懈奋斗的伟大精神。这表明在恩格斯心中,马克思的革命实践精神和理论贡献同样伟大,这是对马克思一生奋斗的全面肯定,饱含着对战友的深深敬意。

深情的回忆与追思:文中恩格斯回忆了与马克思共同战斗的岁月,"我和马克思共同工作的时期,从1844年开始,到他逝世时为止,长达40年之久"。这简单的一句话,却蕴含着他们多年来并肩作战、风雨同舟的深厚情谊,漫长时光见证了他们为无产阶级事业共同奋斗的坚定信念和无私奉献。

坚定的继承与承诺:结尾处恩格斯说"他的英名和事业将永垂不朽",表达了对马克思的坚定信念和对其事业的高度认可,同时也隐含着自己将继承马克思的遗志,继续为无产阶级革命事业奋斗的决心。这是恩格斯对马克思的庄严承诺,也是他们战友情谊的升华,这是为了共同的理想和伟大的事业而紧密相连的革命情谊。

课外阅读中,配合阅读《共产党宣言》可以更深入地理解马克思和恩格斯的理论贡献和他们在国际共产主义运动中的重要地位。

11. 第2册5单元《谏逐客书》

《谏逐客书》是李斯写给秦王嬴政的奏章,是士子阶层的宣言。

(1)对人才文化的自信。

广纳贤才的理念自信:文章开篇便指出"臣闻吏议逐客,窃以为过矣",直接表明反对逐客的观点,强调秦国不应驱逐客卿。李斯列举了秦国历史上秦穆公、秦孝公、秦惠王、秦昭王四位君主重用客卿而使秦国强大的事例。例如,秦穆公重用由余、百里奚、蹇叔等,"并国二十,遂霸西戎";秦孝公任用商鞅,"移风易俗,民以殷盛,国以富强"等,体现出秦国具有广纳贤才的传统理念,相信不论来自何方的人才,都能为秦国的发展作出贡献,这是对秦国人才文化中开放包容理念的自信。

人才价值的认同自信:李斯认为人才具有超越地域限制的价值,"是以泰山不让土壤,故能成其大;河海不择细流,故能就其深;王者不却众庶,故能明其德",他以泰山、河海为喻,强调君主只有广纳人才,才能彰显德行,成就大业。李斯坚信,只要是有才能的人,无论出身何处,都能在秦国发挥作用,实现自身价值,同时也能为秦国带来繁荣昌盛。这体现了他对人才价值的高度认同和自信。

(2) 对多元文化融合的自信。

文化交流促进发展的自信:文中提到"夫物不产于秦,可宝者多;士不产于秦,而愿忠者众",这表明李斯认识到其他地区有许多值得秦国珍视的宝物和愿意为秦国效忠的人才,不同地区的文化相互交流、融合,能够为秦国带来新的活力和发展机遇。李斯认为,秦强大正是因为在文化上善于吸收融合其他地区的优秀元素。

文化包容的胸怀自信:李斯在论述中强调,秦国不应该排斥其他国家的外来文化,而是应该以开放的胸怀接纳各国人才和文化。他认为,秦国能够在文化上兼容并包,吸收各国之长,正是秦国强大的重要原因之一。

(3) 对国家发展文化的自信。

强国文化的传承自信:李斯回顾秦国的历史,借此阐述了秦国之所以能够逐渐强大并走向统一,原因在于历代君主坚持推行富国强兵的政策,重用贤才,不断改革创新。这种强国文化在秦国代代传承,使得秦国在战国时期脱颖而出。他坚信只要秦国继续秉持这种强国文化,坚持正确的发展道路,就一定能够实现统一天下的大业。

统一文化的愿景自信:文章的最终目的是劝谏秦王不要驱逐客卿,以实现秦国的统一大业。李斯在文中虽然没有直接提及统一文化,但他强调了秦国广纳人才、融合多元文化的重要性,这些都是为秦国实现统一奠定基础。统一后能够形成一种包容各方、融合多元的大一统文化,这种对统一文化的愿景自信,体现了李斯对秦国未来发展的高度期望和坚定信念。

此文可引发对当下实现中华民族伟大复兴的中国梦这一重大战略思想的认同与思考。

12. 第2册5单元《与妻书》

《与妻书》是林觉民烈士在黄花岗起义前三天写给妻子陈意映的绝笔信,体现了其伟大而崇高的生命观与爱情观。

(1) 生命观。

生命的价值在于奉献:林觉民在信中写道,"吾充吾爱汝之心,助天下人爱其所爱,所以敢先汝而死,不顾汝也"。他将对妻子的爱推广到对天下人的爱,认为生命的价值不在于个人的生死和小家庭的幸福,而在于为国家、为民族、为天下人谋福祉。他甘愿舍弃自己的生命,投身于革命事业,是为了让更多的人能够过上自由、幸福的生活。这种生命观体现了他的家国情怀和无私奉献的精神。

为正义而死的无畏:林觉民深知革命的道路充满了危险,但他依然坚定地选择了这条道路。他说,"吾今死无余憾,国事成不成自有同志者在"。这表明他对死亡没有丝毫的畏惧,认为为了实现正义的目标,为了推翻封建统治,为了民族的解放,牺牲自己的生命是值得的。这种为正义而死的无畏精神,展现了他对生命意义的深刻理解和对理想信念的执着追求。

生命的延续与精神传承:林觉民在信中表达了对妻子的深情和对未来美好生活的向往,但他也明白自己的生命可能会在革命中结束。然而,他并不认为生命的结束就是一切的终结,他说,"吾牺牲百死而不辞,而使汝担忧,的非吾所忍"。这表明他希望妻子能够理解他的选择,并且将他的精神传承下去。他相信自己的牺牲会激励更多的人投身革命,为实现国家的独立和民族的解放而努力,他的生命会以另一种形式得到延续。

（2）爱情观。

至真至纯的深情挚爱:林觉民在信中开篇便写道"意映卿卿如晤",亲切的称呼饱含着对妻子的深情。他回忆了与妻子婚后的美好生活,"初婚三四个月,适冬之望日前后,窗外疏梅筛月影,依稀掩映;吾与并肩携手,低低切切,何事不语？何情不诉？"这些细腻的描写,展现了他们夫妻之间的恩爱和甜蜜,体现了他对妻子深深的眷恋和爱意,这种爱情是纯粹而真挚的,不掺杂任何杂质。

爱情与理想的统一:林觉民没有将爱情局限于个人的小天地,而是将其与革命理想紧密结合在一起。他在信中写道,"吾至爱汝,即此爱汝一念,使吾勇于就死也",这表明他对妻子的爱成为了他投身革命的动力之一。他希望通过自己的牺牲,为妻子和天下人创造一个更加美好的世界,让人们都能够自由地追求爱情和幸福。在他看来,爱情不仅仅是花前月下的卿卿我我,更是为了共同的理想和目标而奋斗。这种将爱情与理想相统一的爱情观,使他的爱情具有了更加深刻的内涵和更高的境界。

舍小爱为大爱的无私：林觉民深知自己的革命行动会给妻子带来巨大的痛苦，但他依然选择了离开妻子，投身革命。他说，"吾诚愿与汝相守以死，第以今日事势观之，天灾可以死，盗贼可以死，瓜分之日可以死，奸官污吏虐民可以死，吾辈处今日之中国，国中无地无时不可以死"。他认为在国家危亡的时刻，个人的爱情必须服从于国家和民族的利益。只有舍弃小爱，才能成就大爱。这种舍小爱为大爱的无私精神，体现了他对爱情的深刻理解和对国家、对民族的高度责任感。

在当代高中生教育中，一个值得关注的问题是，受网络短剧或日韩剧的影响，许多学生容易陷入小气的爱情观念中，缺乏对家国大义的深刻理解。此文在此背景下具有重要的教育意义。

13. 第2册6单元《祝福》

在《祝福》中，祥林嫂的形象反映了对独立人格的缺失与艰难觉醒的思考。

（1）独立人格的必然缺失。

经济上的依附：祥林嫂一生都在经济上依赖他人。第一任丈夫去世后，她被迫到鲁四老爷家做女工维持生计。后来改嫁贺老六，生活依然围绕着家庭和丈夫。她没有属于自己的财产和稳定的经济来源，辛苦做工挣的工钱要么被婆婆拿走，要么被自己用于捐门槛等，经济上的不独立使她失去了追求独立人格的物质基础。

精神上的束缚：封建礼教和迷信思想对祥林嫂的精神束缚极深。贞节观念让她因改嫁而背负"不贞"的耻辱，被视为"败坏风俗"的人，祭祀时连碰祭品的资格都没有。这种精神压迫使她自我贬低，认为自己低人一等。同时，她还深受"地狱"等迷信观念的影响，担心死后被两个丈夫分尸，精神处于极度恐惧和痛苦之中，完全被封建思想操控，难以形成独立的自我认知和精神世界。

社会压迫下的顺从：面对社会的种种不公和压迫，祥林嫂缺乏反抗意识，更多的是逆来顺受。无论是婆婆的逼嫁、鲁四老爷家的歧视，还是周围人的冷嘲热讽，她都只是默默忍受，没有想过从根本上改变自己的处境，争取自己的权利。相反,她将自己的不幸归结于命运,在强大的社会压力下逐渐失去了对独立人格的追求。

（2）独立人格的艰难觉醒。

对命运的质疑:祥林嫂在经历了一系列的苦难后,开始对自己的命运产生了质疑。她向"我"询问人死后是否有灵魂、地狱是否存在等问题,这表明她不再盲目地接受封建迷信所灌输的观念,而是开始思考自己所遭受的苦难背后的原因,对既定的命运安排有了一丝怀疑,这种质疑是她独立思考的萌芽,也是独立人格觉醒的微弱信号。

行为上的反抗:祥林嫂在一些事情上表现出了一定的反抗行为。她为了逃避被婆婆卖掉的命运,曾跑到鲁镇做工;在被婆婆强行改嫁时,她进行了激烈的抗争,"出格"的反抗行为甚至让旁人都觉得诧异。虽然这些反抗在当时的社会环境下显得无力,但体现了她不甘心完全被命运摆布,试图捍卫自己的尊严和权利,是她独立人格觉醒的一种表现。

今天,高中生们常常标榜自由,但通过深入阅读此文,他们会认识到真正的自由和独立需要时代的进步与开明,绝非口头上的文学。

14. 第2册6单元《林教头风雪山神庙》

《林教头风雪山神庙》中,主人公林冲从遵纪守法到杀人放火是一个极具冲击力的性格与行为转变,这一过程是多种因素相互作用的结果,不仅仅是性格使然。

（1）性格与故事走势。

安分守己的性格:林冲有着武艺高强的本领,在东京担任八十万禁军枪棒教头。作为体制内高级专业人员,他对自己的生活现状较为满足,也对朝廷和社会秩序有着本能的维护意识。

对法律公正的幻想:林冲一直相信法律能够保障自己的权益和维护社会公正。即使被高俅父子设计陷害,误入白虎堂,被判处刺配沧州,他也没有过多地反抗,而是认为自己是"恶了高太尉",甘愿接受刑罚,想着只要自己服刑期满,还能与家人团聚,重新过上安稳的生活。这种想法表明他对朝廷的法律体系仍抱有幻想,相信法律最终会还自己一个公道。

刺配途中的折磨:林冲在刺配沧州的途中,遭受了公差的百般折磨,如被故意烫伤双脚,在野猪林险些被董超、薛霸杀害等。尽管如此,他依然没有放弃对法律公正的期待,还劝阻鲁智深不要杀害公差,不想因为自己的事情而连累鲁智深,也不想违背法律。

草料场的阴谋:到了沧州后,林冲被安排看守草料场,他本以为这是一个可以暂时安身的差事,还想着修缮草屋,好好度过刑期。然而,陆谦、富安和差拨等人却在暗中策划着更大的阴谋,他们企图火烧草料场,将林冲烧死,即便林冲侥幸逃脱,也会因草料场失火之罪被处死。

真相的揭露:当林冲在山神庙中偶然听到陆谦等人的谈话,得知了他们的险恶用心和高俅父子对自己的赶尽杀绝时,他的心理防线彻底崩溃。他终于明白,自己一直以来所信任的法律和秩序,在权贵的操纵下,是如此的不堪一击,根本无法保护自己的生命安全和合法权益。

(2)引导学生认识到逼上梁山是反抗之路,这点需要教师点拨。

绝望中的觉醒:林冲在听到阴谋的那一刻,心中对法律和朝廷的幻想彻底破灭。他意识到,在这个黑暗的社会中,只有靠自己的力量才能生存,只有反抗才能摆脱被追杀的命运。这种绝望中的觉醒,使他的性格发生了根本性的转变,从一个遵纪守法的良民变成了一个敢于反抗的勇士。

果断的反抗行为:林冲不再犹豫,他手提花枪,毫不犹豫地将陆谦、富安和差拨三人杀死,用鲜血和暴力来宣泄自己的愤怒和不满。这一系列杀人行为,标志着他与过去的自己彻底决裂,也宣告了他对封建统治秩序的公然反抗。此后,林冲毅然决然地离开了草料场,走上了梁山,成为了一名反抗朝廷的义军将领,从此踏上了反抗之路。

此文绝不能仅限于讲故事读生动,要从痛恨时代的司法制度引导到当下法治建设的必要性去深入解读和讨论。

15. 第2册6单元《装在套子里的人》

(1)在《装在套子里的人》中,主人公别里科夫厌恶变化、厌恶风险,这与他的个人成长密切相关。

从行为表现看厌恶变化与风险:别里科夫无论什么天气,出门总是穿着雨鞋、带着雨伞,穿着暖和的棉大衣,把脸藏在竖起的衣领里,戴上黑眼镜,耳朵里塞着棉花,坐马车也要叫车夫支起车篷。他总想给自己包上一层外壳,仿佛要为自己制造一个套子,把自己与外界隔离开来,极力抗拒任何形式的变化和可能带来的风险。这种对生活环境固定化的要求,使得任何环境的改变都会让他感到不安和危险。这种对变化和风险的厌恶恰恰是高中生必须克服的。

（2）教师推荐思考角度:厌恶变化、风险背后的心理健康问题。

创伤后应激障碍倾向:别里科夫可能曾经历过一些未知的负面事件,这些事件给他留下了深刻的心理创伤,导致他对变化和风险产生了过度的恐惧。就像经历过战争的人可能会对突然的声响极度敏感一样。

强迫型人格障碍表现:他坚信旧有的制度、秩序和观念是唯一正确的,对新事物、新变化有着强烈的抵触情绪。这种强迫型人格障碍使他无法灵活地应对变化,将变化和风险视为对自己内心秩序的严重威胁。

焦虑症引发的逃避行为:别里科夫长期处于一种高度焦虑的状态,他对周围的世界充满了担忧和不安。变化和风险会极大地加剧他的焦虑感,为了缓解这种焦虑,他选择逃避,将自己封闭在"套子"里,试图通过拒绝变化和风险来获得一种虚假的安全感。

心理健康问题对其行为的反作用:别里科夫的这些心理健康问题进一步强化了他厌恶变化、厌恶风险的行为。他的恐惧和焦虑使他更加依赖自己的"套子",更加固执地坚持旧有的生活方式和观念,形成了一种恶性循环。

这种对变化和风险的过度厌恶,不仅使他与周围的人产生了严重的隔阂,也使他成为一个孤立、孤僻的人。这种孤立状态进一步加重了他的心理问题,最终在这种压抑和矛盾的状态中走向了死亡。

16. 第2册6单元《促织》

《促织》深刻体现了作者蒲松龄对封建统治阶层的抨击,对百姓疾苦的同情。

（1）统治阶层的冷酷无情。

皇帝荒淫无道:如《促织》中明宣宗好玩促织,便向民间征取,各级官员为讨好皇帝纷纷效仿,致使百姓深受其害。皇帝只知贪图享乐,根本不关心百姓的死活,视百姓的生命和财产如草芥,没有丝毫对百姓苦难的同情。

官吏横征暴敛:在"岁征促织"的背景下,华阴县令为媚上官,将进贡促织作为搜刮民脂民膏的手段,对百姓严刑逼供、科敛丁口,全然不顾百姓的家庭破碎和生命安危。他们只关心自己的政绩和利益,利用手中的权力压迫百姓,没有表现出任何对百姓的怜悯和同情。明朝后期,华阴县所在的陕西省,成为农民起义的发源地,与当地官吏和豪强的这种做法密不可分。

(2)封建社会制度的残酷压榨。

封建等级制度森严:在封建社会,等级分明,百姓处于社会底层,没有任何政治权利和地位。他们被束缚在土地上,承受着繁重的赋税和徭役,还要受到统治阶层的压迫和剥削。如成名作为一个普通百姓,面对官府的摊派,毫无反抗之力,只能任其摆布,甚至差点家破人亡。

法律不公:封建法律主要是为了维护统治阶层的利益,对百姓极为不公。百姓一旦触犯法律,往往会受到严厉的惩罚,而统治阶层却可以逍遥法外。在《促织》中,成名因无法按时缴纳促织,就遭受了严刑拷打,而那些逼迫百姓的官吏却没有受到任何惩罚。

(3)社会风气的冷漠自私。

人与人之间缺乏关爱:在封建社会的高压统治下,百姓之间也变得冷漠自私,为了生存和利益互相争斗。如市中游侠儿"昂其值,居为奇货",趁机在促织交易中谋取暴利,全然不顾百姓为了寻找促织所遭受的苦难。他们的行为加剧了社会的矛盾和百姓的痛苦,也反映出当时社会缺乏基本的同情心和人道主义精神。

思想禁锢严重:封建礼教和儒家思想的长期束缚,使百姓的思想受到严重禁锢,变得麻木不仁。他们不敢反抗统治阶层的压迫,甚至认为自己的苦难是命中注定的。如成名在遭受了一系列的苦难后,仍然没有意识到制度的不合理,而是选择逆来顺受,这种思想上的麻木也导致了社会缺乏同情心的氛围更加浓厚。

17. 第2册6单元《变形记》

在卡夫卡的《变形记》中,小职员格里高尔·萨姆沙的心理健康问题是小说的核心主题之一,深刻反映了现代社会中人类所面临的精神困境。以下是对其心理健康问题的具体分析:

(1)工作压力导致的焦虑与压抑。

超负荷的工作强度:格里高尔身为旅行推销员,常年奔波在外,工作时间长、出差频繁,几乎没有休息和放松的机会。这种高强度的工作使他长期处于紧张和疲惫的状态,内心充满了焦虑。

严苛的工作环境:格里高尔的工作不仅辛苦,还面临着来自上司的严厉监督和同事的竞争压力。他时刻担心自己的工作表现不能让上司满意,害怕被解雇,这种对工作的过度担忧和恐惧,严重压抑了他的内心,使他的心理负担日益加重。

(2)家庭责任引发的心理负担。

这一点上可以引导学生思考家庭责任,从而激发他们对父母的理解与关爱。

经济支柱的压力:格里高尔是家庭的主要经济来源,承担着还清父母债务、供妹妹上学等重任。家庭的经济状况完全依赖于他的工作收入,这使他深感自己肩负的责任重大,心理上承受着巨大的压力,不敢有丝毫懈怠。

亲情与责任的冲突:尽管格里高尔为家庭付出了很多,但他与家人之间的情感交流却十分有限。他一方面渴望得到家人的理解和关爱,另一方面又因忙于工作而无法与家人建立深厚的情感联系。当他变形后,家人对他的态度逐渐冷漠,这种亲情的变化让他陷入了极度的痛苦和孤独之中,进一步加重了他的心理问题。

(3)社会压力造成的自我异化。

社会的冷漠与疏离:在小说所描绘的社会环境中,人与人之间的关系是冷漠而功利的。格里高尔在工作和生活中都没有真正能够互通心意、相互关怀的亲朋好友,人们只关注他的工作能力和经济价值,而他作为人的情感和需求被忽视、被压抑。这种社会的冷漠让他感到自己与周围世界的疏离,导致格里高尔逐渐失去了自我认同感。

自我认知的扭曲:长期处于社会压力之下,格里高尔的自我认知也受到了外界评价的影响,从而发生了扭曲。他将自己的价值与工作能力和经济收入画等号,认为只有不断努力工作、为家庭提供经济支持,才能获得他人的认可和尊重。这种有偏差的自我认知使他无法正确地调整自己的心态以面对生活的挫折和困难,而是不断陷入更深、更纠结的心理困境。

（4）变形后的心理崩溃——现代人生命观的刹那崩溃。

身体变化的恐惧：身体的变形使他无法正常工作和生活，失去了原有的社会角色和身份，这种巨大的落差让他的心理受到了极大的冲击。

被家人抛弃的绝望：随着时间的推移，家人对格里高尔的态度从最初的震惊和怜悯逐渐转变为厌恶和嫌弃。他的存在成为了家人的负担，最终被家人抛弃。被最亲近的人抛弃，使格里高尔陷入了彻底的绝望之中，他的心理防线完全崩溃，最终在孤独和痛苦中死去。

《变形记》揭示了现代社会中人们在工作、家庭和社会压力下所面临的精神危机，以及人性的扭曲和异化，引发了读者对人类生存状态和心理健康的深刻思考。

18. 第2册8单元《答司马谏议书》

课本选的这篇《答司马谏议书》，是以王安石为代表的改革派同以司马光为代表的保守派之间多次争论的一个局部片段。从这个局部我们可以拓展了解改革对国富民安的重要意义。

（1）理财以富国。

开源理念：王安石认为国家财政困难的解决之道在于开源，而非单纯节流。他提出，"因天下之力以生天下之财，取天下之财以供天下之费"，主张利用天下的人力、物力来创造更多财富，进而满足国家各项开支需求，改变以往仅靠压缩开支来解决财政问题的思路。

变革理财制度：针对当时北宋财政制度的弊端，王安石提出一系列变革措施，例如青苗法。在青黄不接时由政府向农民提供低息贷款，收获后偿还，既能帮助农民解决资金困难，又能增加政府财政收入，抑制民间高利贷盘剥；市易法通过政府参与市场交易，平抑物价，同时获取商业利润，达到增加财政收入和调节经济的目的。

（2）整军以强兵。

优化兵制：王安石深刻认识到北宋兵制的腐朽和军队战斗力低下的问题，因此主张对兵制进行改革。保甲法就是王安石变法中的一项重要举措。通过把农村民户加以编制，农闲时保丁进行军事训练，建立起寓兵于农的基层军事体制，既节省了大量军费开支，又提高了地方自卫能力，还为国家储备了潜在的兵源。

提升军队素质：为改变兵将分离、军队训练无方的状况，王安石推行了将兵法。选拔有才能的将领负责训练军队，使兵将相知，提高了军队的作战能力。这种改革有利于打造一支高素质、有战斗力的军队，以应对边境的军事威胁。如今，中国政府在军队建设方面也做得非常出色。

（3）用才以兴政。

选拔实用人才：王安石强调选拔人才要注重其实际才能和经世致用的能力，反对以门第、资历等为标准的传统选才方式。他认为人才应具备解决实际问题的能力，能够为国家的改革和发展作出贡献。

培养专业人才：为了满足国家对各类专业人才的需求，王安石主张改革教育制度，在学校教育中设立武学、律学、医学等专门学科，培养军事、法律、医学等方面的专业人才，使教育与国家的实际需求紧密结合，为改革事业提供人才支持。

（4）法治以理政。

变革旧法：王安石认为"祖宗之法"并非不可变，时代在发展，法律制度也应与时俱进。他主张对不适应现实需要的旧法律、旧制度进行变革，以适应社会发展的要求，为改革提供法律保障和制度支撑。

依法理财与治军：在理财方面，通过制定一系列法规来规范青苗法、市易法等改革措施的实施，确保财政改革有法可依；在军事方面，以法律形式保障保甲法、将兵法等军事改革的推行，加强对军队的管理和训练，提高军队的纪律性和战斗力。

王安石与司马光作为一代名臣，都心系国家，只是由于政见不同，选择了各自不同的发展道路。此文可从多个角度展开，教师可结合自身的理解和教学目标，有的放矢地引导学生思考。

19. 第2册8单元《阿房宫赋》

《阿房宫赋》表达了杜牧独特的财富观。

（1）财富应取之有道。

批判横征暴敛：文中"奈何取之尽锱铢，用之如泥沙"批判了秦朝统治者对百姓财富的极度贪婪和残酷掠夺。他们搜刮百姓的财富时，连极微小的钱财都不放过,完全不顾百姓的死活,这种横征暴敛的行为是对财富获取原则的严重违背。

强调取财于民要适度:作者虽未明确提出合理的取财方式,但通过对秦朝苛政的批判,暗示了统治者应遵循一定的道德和政治原则,在满足国家需求的同时,要考虑百姓的承受能力,不能无节制地搜刮民脂民膏,要让百姓能够安居乐业,这样才能保证财富来源的稳定和可持续。

(2)财富应合理使用。

反对奢靡浪费:文中"鼎铛玉石,金块珠砾,弃掷逦迤,秦人视之,亦不甚惜",描绘了秦朝统治者将珍贵的宝物当作普通物品随意丢弃,极度奢靡浪费。作者认为财富不应被用于满足统治者的穷奢极欲,这种对财富的挥霍滥用,不仅是道德上的堕落,也是导致国家衰败的重要原因。

倡导财富用于利民兴国:文章虽未直接阐述财富应如何合理使用,但通过对阿房宫奢华毁灭的描写,侧面表达了财富应投入有利于国家发展和人民生活改善的方面。如用于基础设施建设、发展经济、保障民生等,这样才能使国家繁荣昌盛,百姓安居乐业。

(3)财富与国家兴衰相关。

财富过度集中导致国家危机:"使天下之人,不敢言而敢怒。独夫之心,日益骄固。戍卒叫,函谷举,楚人一炬,可怜焦土",揭示了秦朝统治者过度聚敛财富,造成社会贫富差距悬殊,百姓怨声载道,最终引发了农民起义,导致国家灭亡。这一历史教训强调了财富分配不均对国家稳定和发展的严重危害。

财富合理管理促进国家繁荣:作者通过对秦朝灭亡的反思,隐含了财富合理管理的重要性。如果统治者能够合理地管理和使用财富,实现财富在社会各阶层之间的合理流动和分配,使国家有足够的财力用于国防、民生等,国家就能够保持稳定和繁荣,反之,则会走向衰落。

这一角度不同于传统的仁政思考,但是最终引向合理的政治体系。

20. 第 2 册 8 单元《六国论》

《六国论》中"弊在赂秦"的观点本质上是从国家利益的角度出发的批判。苏洵的这一论点,深刻揭示了六国灭亡的根本原因,并对当时的政治现象进行了深刻的批判。

（1）"弊在赂秦"指出局限性。

从短期看可保一时安宁：对于六国来说，在自身实力相对较弱、秦军兵临城下的情况下，赂秦在短期内可以避免与秦国发生大规模的军事冲突，为国家争取一定的和平发展时间，一定程度上保障了国家的暂时安全和稳定，维护了统治阶级的统治地位和民众的暂时安宁。

从局部看能解燃眉之急：赂秦可以使六国在局部地区缓解秦国的军事压力，避免一些城市和地区遭受战争的破坏。在一定程度上，这种行为保护了当地的经济和社会秩序，减少了人员伤亡和财产损失，对局部地区的利益有一定的维护作用。

（2）忽略国家利益本质。

忽视国家主权的核心地位：国家利益的本质首先在于国家主权的独立和完整。赂秦行为本质上是对国家主权的严重损害。六国通过割让土地赂秦，是将国家的领土主权拱手相让，使国家失去了独立自主的基础，从根本上违背了国家利益的核心要求。长期来看，这种行为让六国逐渐沦为秦国的附庸，最终导致国家灭亡，完全丧失了国家主权。

未认识到综合国力的关键作用：国家利益的维护和实现最终依赖于国家的综合国力，而"弊在赂秦"的观点过于强调赂秦这一表面行为，忽视了六国自身综合国力的建设和发展。秦国因商鞅变法在经济、政治、军事等方面实现了全面发展，综合国力远超六国。然而，六国却未能从根本上提升自身的综合国力，如楚国政治腐败、赵国经济发展滞后等。即便不赂秦，在秦国强大的综合国力面前，六国也难以长期抵御秦国的进攻，维护国家利益。

无视战略谋划的重要性：从国家利益的本质看，战略谋划对于国家的生存和发展至关重要。六国在面对秦国威胁时，缺乏长远、全面的战略规划，"赂秦"只是一种短视的权宜之计。六国未能从战略高度认识到联合抗秦的重要性，也没有制定出有效的战略来提升自身实力、削弱秦国，导致各国各自为战，最终被秦国各个击破。这说明"弊在赂秦"的观点指出国家战略层面的根本问题，即忽略了战略谋划对国家利益的重要性。

文章虽短，但作为一篇政史兼具的论文，却有当下的警示意义。

(四) 德育资源具体分析：高中语文选择性必修上册(节选)

1. 第3册1单元《中国人民站起来了》

"中国人民站起来了"是对中国历史发展进程具有深远影响的伟大宣告，生动体现了党的领导、中国发展道路、中国人民的国家意识。

(1) 党的领导。

革命道路的引领：中国共产党自成立以来，就把实现民族独立、人民解放作为重要使命。在复杂的历史环境中，共产党人科学分析中国国情，走出了一条以农村包围城市、武装夺取政权的革命道路。如在土地革命战争时期创建农村革命根据地，抗日战争时期领导敌后抗战，解放战争时期推翻国民党反动统治，带领人民一步步走向胜利，最终使"中国人民站起来了"成为现实。

思想理论的指引：在新民主主义革命时期，以毛泽东同志为主要代表的中国共产党人，把马克思列宁主义基本原理同中国具体实际相结合，创立了毛泽东思想，为中国革命配备了科学的思想武器，将全党和全国人民的思想统一起来，坚定了人民的革命信念，指导中国人民在革命道路上不断前行，为中国人民站起来打下了重要的思想基础。

组织力量的凝聚：中国共产党是一个有着组织严密、凝聚力强大的政党。在中国的革命进程中，党通过建设基层组织，深入工人、农民等各个阶层，把广大人民群众紧密团结在党的周围，共同形成了强大的革命合力。例如，面对日本帝国主义侵略，党领导抗日民族统一战线展开抗日战争，齐心协力抵御外敌，为民族独立和人民解放奠定了坚实基础。

(2) 中国发展道路。

新民主主义向社会主义过渡："中国人民站起来了"标志着中国进入了新民主主义社会，并开始向社会主义过渡。新中国成立初期，通过土地改革、镇压反革命运动等巩固政权，随后实施"一化三改"，即社会主义工业化和对农业、手工业、资本主义工商业的社会主义改造。这一系列措施建立起社会主义基本制度，为中国的社会主义建设奠定了制度基础，走上了符合中国国情的社会主义发展道路。

独立自主的发展道路：中国人民站起来后，坚持独立自主的外交政策和发展原则，不受外部势力的干涉和控制。在经济建设方面，中国依靠自身力量，建立起独立的工业体系和国民经济体系。如在"一五"计划期间，集中力量发展重工业，建设了一批重点项目，为国家工业化奠定了初步基础，体现了中国走独立自主发展道路的决心和能力。

探索适合中国国情的现代化道路：在社会主义建设过程中，中国共产党带领人民不断探索适合中国国情的现代化道路。虽然经历了曲折，但在实践中积累了宝贵经验。如在科技领域，"两弹一星"的成功研制，不仅提高了中国的国际地位，也显示了中国在现代化建设中的探索和进步，为后来的发展奠定了坚实基础。

（3）国家意识。

民族自豪感与自信心的增强："中国人民站起来了"标志着中国人民摆脱了百年屈辱，赢得了民族独立和尊严，极大地增强了民族自豪感和自信心。人民为自己是中国人而骄傲，对国家的未来充满信心。如新中国成立后的国庆庆典等活动，激发了人民的爱国热情，使民族自豪感和自信心在人民心中深深扎根。

国家主人翁意识的觉醒：新中国成立后，人民成为国家的主人，广泛参与国家事务和社会建设。通过选举人大代表、参与基层民主管理等方式，人民切实感受到自己是国家的一分子，积极为国家发展建言献策、贡献力量。例如，在社会主义建设时期，广大工人、农民、知识分子等积极投身到国家建设中，涌现出了一大批劳动模范和先进人物，展现了人民当家作主的精神风貌。

国家利益至上的观念形成：随着国家的独立和发展，中国人民逐渐形成了国家利益至上的观念。在面对外部挑战和危机时，中国人民自觉自发地维护国家的主权、安全和发展利益。例如，在抗美援朝战争中，全国人民团结一心，以国家需要为先，通过捐款捐物、参军参战等不同方式支持前线作战，为保卫国家的和平与安全出一份力，展现了国家利益高于一切的坚定信念。

2. 第3册1单元《大战中的插曲》

《大战中的插曲》所展现的人道主义精神与同情心,是中国共产党领导下的人民军队在战争中高尚的精神品质的体现。

(1)从行为角度体现的人道主义精神与同情心。

战场救援:在激烈残酷的百团大战战场上,八路军战士们面对纷飞的战火和生死考验,依然没有忘记人性的善良与悲悯。他们在枪林弹雨中发现了身处险境的日本孤女美穗子姐妹,没有因为她们是敌国的孩子而选择漠视或伤害,而是毫不犹豫地将她们救出,这一行为是人道主义精神最直接、最勇敢的体现。

人道救助:战士们将日本孤女救出后,对她们进行了悉心的照料。当时八路军的物资极其匮乏,生活条件十分艰苦,但战士们还是想尽办法为孩子提供食物、温暖和安全的环境。他们像对待自己的亲人一样,喂孩子吃饭、哄孩子睡觉,给予了她们无微不至的关怀,让孩子在失去亲人的痛苦和战争的恐惧中感受到了温暖和关爱。这是人道主义精神和同情心在生活细节中的体现。

送归之举:聂荣臻元帅决定将日本孤女送回日本军营,为此安排了专门的人员和护送路线,并亲笔写了致日本官兵的信。这种送归行为并非简单的处置,而是基于对生命的尊重和对和平的期许。送归日本孤女,不仅是让孩子回到自己的祖国和亲人身边,更是向日本侵略者乃至全世界传递中国共产党领导的八路军的人道主义精神,体现了中国人民的宽容和善良。

(2)从精神层面体现的人道主义精神与同情心。

超越仇恨的大爱:在抗日战争时期,日本侵略者给中国人民带来了巨大的灾难和痛苦,中国人民对日本侵略者充满了仇恨。然而,《大战中的插曲》中救助日本孤女的行为,展现了中国共产党领导下的人民军队超越仇恨的大爱。他们没有将对侵略者的仇恨转嫁到无辜的孩子身上,而是以宽广的胸怀和高尚的道德情操,用爱和善良去对待敌人的后代。这种超越民族仇恨的人道主义精神,是对人类美好情感的坚守和弘扬。

对和平的渴望与追求:救助和送归日本孤女的行动,背后蕴含着中国共产党和中国人民对和平的渴望与追求。中国共产党深知战争的残酷和破坏性,明白和平对于人类生存和发展的重要性。通过对日本孤女的人道主义救助,向世界表明中国人民热爱和平、反对战争的立场,体现了一种基于人道主义的对和平的深切追求。

对生命尊严的尊重:课文中所体现的人道主义精神与同情心,其核心是对生命尊严的尊重。中国共产党领导的人民军队认识到,每一个生命都是宝贵的,无论其国籍、民族和身份如何,都有权利享受生命的尊严和人类的关爱。在战争的极端环境中,这种对生命尊严的尊重显得尤为珍贵,它是人道主义精神的本质体现,也是人类文明进步的重要标志。

3. 第3册1单元《别了,"不列颠尼亚"》

《别了,"不列颠尼亚"》从多个方面体现了瞬间与永恒相统一的国家意识。

(1) 国家意识的体现。

主权意识的强化:文中通过对香港回归交接仪式等关键场景的描写,突出了中国对香港恢复行使主权这一核心。如"在新的一天来临的第一分钟,五星红旗伴着《义勇军进行曲》冉冉升起,中国从此恢复对香港行使主权",鲜明地强调了香港回归是中国主权的回归。五星红旗的升起是国家主权的象征,意味着中国对香港行使主权的开始,彰显了中国维护国家领土完整和主权独立的坚定决心。

民族自豪感的抒发:文章字里行间洋溢着强烈的民族自豪感。英国殖民统治的结束和香港的回归,是中国人民长期奋斗的结果,是中华民族走向复兴的重要标志。"别了,'不列颠尼亚'"这一标题,不仅是对英国殖民统治结束的宣告,更蕴含着中国人民洗刷百年耻辱的豪迈之情,体现了全体中华儿女对国家强大、民族复兴的自豪与骄傲。

国家尊严的维护:文章通过对香港回归仪式的庄重报道,以及对英国撤离过程的冷静描述,展现了中国在国际舞台上维护国家尊严的坚定立场。例如,对彭定康离开港督府、英国国旗降下等场景的描写,与中国国旗升起、交接仪式的顺利举行形成鲜明对比,凸显了中国在香港回归过程中对国家尊严的高度重视。这种对比向世界展示了中国作为一个主权国家的自信和威严。

（2）香港回归历史的呈现。

历史背景的回顾：文章开篇就提到"在香港飘扬了150多年的英国米字旗最后一次在这里降落"，简洁而有力地交代了香港被英国殖民统治的漫长历史，为读者理解香港回归的历史意义提供了背景。同时，文章穿插了一些具体的历史事件，让读者清晰地看到香港从被侵占到回归的历史脉络，深刻认识到香港回归是对历史错误的纠正，是中国历史发展的必然趋势。

回归过程的记录：作者对香港回归的关键时间点和重要仪式进行了精确而生动的记录。例如，"4时30分，面色凝重的彭定康注视着港督旗帜在'日落余音'的号角声中降下旗杆""6时15分，象征英国管治结束的告别仪式在距离驻港英军总部不远的添马舰东面举行"等，这些时间和场景的描写，将香港回归的过程完整地呈现出来，使读者仿佛身临其境，感受到了这一历史时刻的庄严与神圣。

历史意义的强调：文章通过对香港回归这一事件的全面报道，强调了其重大的历史意义。香港回归不仅是中国领土主权的恢复，更是中华民族走向复兴的重要里程碑。它标志着中国在国际舞台上的地位不断提升，也为香港的未来发展开辟了新的道路。

"从1841年1月26日英国远征军第一次将米字旗插上港岛，至1997年7月1日五星红旗在香港升起，一共过去了156年5个月零4天。大英帝国从海上来，又从海上去"，这简洁而有深意的话语，可带领全体学生朗读，可以更好地理解香港回归的历史意义和情感价值。

4. 第3册1单元《县委书记的榜样——焦裕禄》

《县委书记的榜样——焦裕禄》一文以独特的生命观和高度的爱岗敬业精神，让每个中国人记住了为兰考县的发展和人民的幸福奉献一切的优秀共产党员——焦裕禄。

（1）党的领导。

坚决贯彻党的方针政策：焦裕禄始终将党的方针政策作为行动指南，坚定不移地贯彻执行。在兰考县面临严重的内涝、风沙、盐碱"三害"时，他坚决落实党提出的为人民服务的宗旨，带领兰考人民与灾害作斗争，把改善兰考人民的生活作为首要任务，用实际行动践行党的政策，体现了对党忠诚、对人民负责的高度统一。

发挥党员干部的模范带头作用：作为县委书记，焦裕禄是党的基层领导干部的杰出代表。他以身作则，深入基层，与群众同甘共苦。在风沙最大的时候，他带头去查风口、探流沙；在大雨倾盆的时候，他带头蹚着齐腰深的洪水察看洪水流势。他以自己的实际行动为党员干部树立了榜样，引领全县党员干部团结一心，共同为兰考的发展努力奋斗，充分发挥了党组织的战斗堡垒作用和党员的先锋模范作用。

依靠党组织凝聚力量：焦裕禄深知党组织的力量是无穷的，他注重加强兰考县各级党组织的建设，团结和带领广大党员干部，形成了强大的工作合力。他通过召开县委会议，统一思想，坚定信心，让党员干部认识到战胜困难的重要性和紧迫性，激发了大家的工作热情和斗志。在他的领导下，兰考县的党组织成为了带领群众战胜困难的坚强核心，为兰考的发展提供了坚实的组织保障。

（2）生命观。

生命的价值在于奉献：焦裕禄认为生命的意义在于为人民群众谋幸福，为社会发展作贡献。他不顾自己身患重病，一心扑在工作上，将有限的生命投入到无限的为人民服务之中。在兰考的 475 天里，他跑遍了兰考的每一个公社、大队，深入了解群众的疾苦，为解决兰考的"三害"问题呕心沥血，用自己的生命诠释了生命的真正价值在于奉献的深刻内涵。

生命是坚定的挑战：面对兰考恶劣的自然环境和严重的灾害，焦裕禄没有丝毫退缩，而是以顽强的意志和无畏的精神，勇敢地迎接挑战。他把困难当作考验自己生命意志的试金石，坚信只要有决心、有毅力，就能够战胜困难。即使在病重期间，他仍然心系兰考的发展，躺在病床上还在思考如何治理"三害"。这种不怕困难、勇于挑战的生命观，展现了他作为一名共产党员的坚定信念和高尚品质。

生命的延续在于精神传承：焦裕禄虽然英年早逝，但他的精神却永远留在了兰考人民的心中，成为了中华民族宝贵的精神财富。他的事迹和精神激励着一代又一代的党员干部，为实现中华民族的伟大复兴而努力奋斗。他的生命虽然短暂，但他所创造的精神价值却具有永恒的意义，在历史的长河中不断传承和发扬,成为了鼓舞人们前进的强大动力。

具体到各行各业的工作者,可以思考全身心投入工作的状态如何体现,精益求精的工作态度应该达到什么样的标准,无私奉献的职业操守到底是为了谁。总之,高尚的道德品质和强烈的责任感,是共产党员的应有境界。

5. 第3册2单元《〈论语〉十二章》

《论语》十二章内容较为繁杂,其中"颜渊问仁"一章,论述了"仁"这一核心概念,表达了儒家的核心价值观。两千多年前智者的思考,在今天仍然有其积极的意义,充分体现了中国作为古老大国,其传统文化的价值和魅力。

(1)"仁"的至上地位与内涵拓展。

核心价值的确立:"颜渊问仁"这一情节鲜明地凸显了"仁"在儒家思想中的核心地位。在儒家的价值体系里,"仁"犹如一颗璀璨的明珠,是其他价值观衍生的根基。孔子对"仁"的阐释,使得"仁"成为一种综合性的道德观念,它不仅仅是一种情感,更是一种行为准则和道德境界。

内涵的深度挖掘:从孔子的回答"克己复礼为仁"中可以看出,"仁"包含了自我克制和遵循礼仪规范两个重要方面。"克己"体现了一种对自我欲望的约束,这反映出儒家对人性的洞察。他们深知人性中存在着各种欲望,而不加节制的欲望会导致道德的沦丧。因此,通过克制自己,人们能够在内心建立起道德的防线。"复礼"则是对社会秩序和文化传统的尊重与维护。在古代社会,"礼"是一套涵盖了从祭祀大典到日常起居等方方面面的行为规范,它是社会秩序的外在体现。通过"复礼"来达到"仁"的境界,意味着个人的道德修养与社会秩序的维护紧密相连。

道德体系构建:例如,"仁"在人际关系中的体现为"己所不欲,勿施于人"。这一观念要求人们在与他人交往时,设身处地地为他人着想,将心比心。这种基于"仁"的道德观念成为处理人际关系的黄金法则,贯穿于家庭、社会、国家等各个层面。在家庭中,"仁"体现为子女对父母的孝顺、兄弟姐妹之间的友爱;在社会中,表现为朋友之间的诚信、对陌生人的友善;在国家层面,统治者的"仁政"体现为对百姓的关怀和爱护。

(2)道德主体的自主性与责任感。

自主追求道德完善:孔子强调"为仁由己,而由人乎哉?"体现了儒家对道德主体自主性的高度重视。在儒家观点看来，"仁"不是一种外在的强制规范，而应该是个人内心的自觉追求。这意味着每个人都有责任和能力去践行"仁"。这打破了塑造道德需要依赖外部力量的观念。它激励人们积极主动地审视自己的行为举止，不断地进行自我反思和自我修正。

个体在道德建设中的关键作用：在儒家的价值观中，个体在社会道德建设中扮演着关键的角色。每一个人都是道德建设的主体，而非被动的接受者。也就是说，在一个社会群体中，每个人的道德行为都会产生连锁反应和影响。如果每个人都能够以自主的态度追求"仁"，那么整个社会的道德风气将会得到空前的改善。

（3）道德实践的具体方法与日常践行。

从细节入手的道德实践路径：孔子在回答颜渊关于"仁"的具体做法的疑问时，提出"非礼勿视，非礼勿听，非礼勿言，非礼勿动"。这四条准则详细地阐释了人们在日常生活中的道德实践方法，从视觉、听觉、言语和行为四个方面对个人进行了全方位的约束。这种从细节入手的方法体现了儒家注重道德实践的日常性和具体性。

日常生活中的道德渗透：在实际生活中，"非礼勿视"要求人们对自己所接触的信息进行筛选。例如，避免观看那些充满暴力、色情或者违背伦理道德的内容，从而保持内心的纯净和道德观念的正确。"非礼勿听"也是同样的道理，不听信谣言、恶语等不良信息。"非礼勿言"强调言语的道德性，说话要谨慎、真实、符合礼仪，不口出恶言、不说谎。"非礼勿动"则规范了人们的行为举止，在行动之前要考虑是否符合道德和礼仪规范。通过这些具体的日常行为规范，儒家将"仁"的价值观渗透到人们生活的每一个角落，使人们在日常生活中不断地践行道德，逐渐达到"仁"的境界。

（4）文化传承与价值传播的理念。

传承与践行的紧密结合：颜渊回答"回虽不敏，请事斯语矣"，体现了儒家文化传承与价值传播的理念。在儒家思想中，知识和道德观念的传承不能单纯依靠理论的传授，实践的传承更为重要。颜渊对孔子的教诲表示虔诚地接受并愿意践行，也可以看出儒家重视将思想理念转化为实际行动。

价值观传播的示范作用：这种传承方式对儒家价值观的传播起到示范

作用。儒家弟子通过自己的行为来践行和传播儒家的价值观,进而对身边的人起到积极影响。在历史的长河中,儒家思想正是通过这样一代又一代的传承和践行,才得以广泛传播并深深地扎根于中国社会和文化之中的。从家庭的私塾教育到官方的学校教育,儒家的价值观不断地被传授给后人,并且通过人们的日常行为在社会中传播开来,成为中国传统文化的重要组成部分。

事实上,对于人才的培养,有效的路径之一就是经典的深度阅读。本文仅仅选读几则是远远不够的!语文教师要舍得花时间陪学生读诸子百家著作,这是使高中生自觉形成文史哲综合思考能力的有效方法。

6. 第3册2单元《大学之道》

《大学之道》清晰而明确地阐述了儒家的修身路径。

(1)三纲:明确目标与方向。

明明德:这是修身的首要目标。"明"有彰显、发扬之意。"明德"是指人天生所具有的善良、光明的品德。在儒家看来,每个人内心深处都蕴藏着道德的种子,然而在成长过程中,可能会被外界的欲望、杂念所蒙蔽。因此,修身的第一步就是要通过自我反思、学习等方式,去除这些遮蔽物,使内在的善良品德得以彰显。例如,一个人在社会环境中可能会受到名利的诱惑,产生嫉妒、贪婪等不良情绪,但通过回忆自己儿时的纯真善良,或者受到道德楷模的启发,就会意识到这些不良情绪是对自己原本"明德"的遮蔽,从而努力消除它们,让自己的善良本性重新焕发光彩。

亲民:"亲"有亲近、关爱之意。这一纲领体现了儒家积极入世的精神和社会责任感。它要求个体在彰显自身美德的基础上,去关心他人、影响他人,使周围的人也能受到道德的感化。这并不是一种居高临下的施舍,而是一种平等的、真诚的关怀。

止于至善:这是修身的最高境界和终极目标。"止"表示达到并坚守,"至善"指的是一种道德的完美状态。儒家认为,人们应该坚持不懈地追求道德的完善,永不停歇。这个境界不存在固定的标准,而是一种动态的、随着个人成长和社会发展而不断拔高的理想状态。就像孔子一生所追求的"仁"就是一种"至善"的体现。这一目标激励着人们在修身的道路上持续奋进,不以已有的成就骄傲自满,始终以更高的道德标准来要求、约束自己。

（2）八目:具体的实践步骤。

格物致知:这是修身的基础步骤。"格物"要求人们接触和研究事物的原理,可以通过观察自然界、研读经典文献、反思社会现象等方式来进行。"致知"则是通过格物而获得知识和智慧。例如,古代的科学家沈括通过对天文、地理、物理等诸多事物的观察和研究,并总结其中的规律,写成一本《梦溪笔谈》,这就是他格物致知的成果。在修身过程中,格物致知能够帮助人们更好地理解世界,为后续的道德修养提供知识基础。只有对事物的真相和规律足够了解,才能拥有分辨是非善恶的能力,从而做出更加明智的道德抉择。

诚意正心:"诚意"强调内心的真诚。在儒家看来,一个人的行为如果不是出于真心而是另有所图,那么即使形式上符合道德规范,也不能称之为真正的道德行为。例如,一个人施舍穷人的目的如果只是为了获得别人的赞扬,而不是因为同情和善良,那么这种行为就是不真诚的。"正心"则是要端正自己的心态,避免被各种情绪所左右。比如,在面对利益诱惑时,需要保持清醒的头脑,不被贪婪的情绪所控制,才能做出正确的道德判断。诚意正心是在格物致知的基础上,对内心世界的净化和调整,确保个人的行为和思考都源于真诚和端正的心态。

修身:这是八目中承上启下的关键环节。修身是指通过自我约束、自我修养来提升自己的品德。它是对前面步骤(格物致知、诚意正心)的综合实践,以及后续步骤(齐家、治国、平天下)的基础。修身要求个人将道德原则融入到日常生活的方方面面,包括但不限于言行举止、人际关系等,同时不断地反思、修正自己的行为和观念,逐渐完善自己的品德。

齐家:"齐"有治理、整顿之意。齐家要求个人能够管理好自己的家庭,维持家庭内部成员之间的关系和谐、秩序井然。在儒家观念中,家庭作为社会的基本单位,其和谐与否直接影响到社会的稳定。齐家意味着在家庭中以身作则,树立良好的道德榜样,引导家庭成员之间相互尊重和关爱,在家庭中践行儒家的道德观念。

治国:体现了儒家的政治抱负。在已有的基础上,治国提出了更高的要求，认为一个在修身、齐家方面表现出色的人，应该将自己的才能和道德理念运用到国家治理中。治国者需要以仁爱之心对待百姓，推行仁政，制定公正合理的政策，使国家繁荣昌盛、人民安居乐业。古代的许多贤臣良相以忠诚、智慧和高尚的品德辅佐君主，治理国家，正是儒家治国理念在实践中的应用。

平天下：这是儒家修身路径的最高理想。"平天下"并不是指用武力征服世界，而是通过道德感化和文化传播的方式，使天下太平、万国咸宁。儒家观点认为，道德的教化力量是无穷的，一个有道德的人可以影响身边的人，一个有道德的国家可以影响其他国家，从而将儒家优良的道德准则散播到全世界。

通过"三纲八目"，《大学》系统地阐述了儒家完整的修身路径，引导人们从自我完善逐步走向促进社会的和谐与进步。这一修身路径为人们提供了广阔的思考空间，教师要敢于放时间让学生进行深入讨论和探索。

7. 第3册2单元《人皆有不忍人之心》

《人皆有不忍人之心》深刻体现了孟子对同情心的认识。

（1）同情心的本质与来源。

性善论基础：孟子的"人皆有不忍人之心"建立在他的性善论之上。他认为人性本善，这种善的本性是与生俱来的。不忍人之心，也就是同情心，是人性善的一个重要体现。正如孟子所说的，"所以谓人皆有不忍人之心者，今人乍见孺子将入于井，皆有怵惕恻隐之心"，当人们突然看见一个小孩将要掉进井里时，都会本能地产生惊恐、同情的心理。这种反应不是因为想要和孩子的父母结交，也不是为了在乡邻中获得好名声，或者是厌恶孩子的哭声，而是一种纯粹的、发自内心的同情，这就是人性本善的自然流露。

天赋道德观念：从本质上讲，这种同情心是一种天赋的道德观念。孟子认为，它如同人的四肢一样，是与生俱来的人的本质属性。这意味着同情心不是通过后天的学习或者社会的强制灌输而获得的，而是作为人的一种内在的道德本能存在。这种观念反映了儒家对人性的乐观主义态度，即相信人天生就具备向善的种子，而同情心就是这种善的种子在情感方面的最初体现。

（2）同情心的表现形式与作用。

"四端"说中的体现：孟子将不忍人之心与"四端"联系起来，认为它是"仁之端"。"恻隐之心，仁之端也；羞恶之心，义之端也；辞让之心，礼之端也；是非之心，智之端也。"同情心作为"仁之端"，是其他道德品质发展的起点。例如，当看到他人遭受苦难时，同情心会驱使人们向他们施以援手，这就是"仁"的行为的开始。这种同情心还能够进一步发展，使人们在行为中遵循正义（羞恶之心）、懂得谦让（辞让之心）、明辨是非（是非之心），综合多种优良品质，进而形成完整的道德人格。

社会秩序的基石：同情心在社会秩序的构建中起着至关重要的作用。在一个社会中，只要人人都能发挥自己的同情心，社会就会充满关爱和互助。对于社会中的弱势群体，基于同情心的互助行为有助于减轻其痛苦，缓解他们的困境，以达到维护社会的稳定和和谐的效果。不仅如此，同情心还会驱使人们对社会中存在的不公平现象产生不满的情绪和改良的意图，进而推动社会的改革和进步。

（3）同情心的培养与扩充。

教育与修养的重要性：尽管孟子认为人生来皆有不忍人之心，但他也强调这种同情心是需要通过教育和修养来培养和扩充的。教育能让人更加明确和理解自己的道德本能，并学会如何正确地应用同情心，将同情心转化为实际的道德行为。修养则是自我反思和自我提升的过程，人们需要不断地审视自己的行为，克服自私自利的不良心理，确保自己的同情心不被欲望所蒙蔽。

推己及人的实践方法：孟子主张通过"老吾老，以及人之老；幼吾幼，以及人之幼"的方式来拓展同情心。即人们应将对自己家人的关爱之情推及他人。例如，一个人如果对自己的父母非常孝顺，那么他也应该对别人的父母表示尊重和关爱；如果对自己的孩子充满疼爱，也应该对他人的孩子怀有怜悯和帮助之心。这种推己及人的方法可以使同情心从个人情感层面延展到社会层面，从而促进整个社会道德风尚的提升。

8. 第3册2单元《〈老子〉四章》

《〈老子〉四章》中的第一章，阐述了道家核心概念——"无"。"故有之以为利，无之以为用"，道家的"无"具有丰富而深刻的内涵。

"无"的基本含义："无"首先指的是一种虚空、空无的状态，例如车毂中间的空洞、陶器内部的空间、房屋门窗四壁内的空缺部分等。这些看似空无一物的地方，却有着至关重要的作用。

"无"与"有"的辩证关系：相互依存。"有"和"无"是相互对立又相互依存的关系，没有"有"，"无"就无从谈起；没有"无"，"有"也无法发挥其作用。例如，没有车轮、陶器、房屋这些具体的"有"，也就不存在车毂、器皿、房屋内部的"无"。反之，如果没有这些"无"，车轮无法转动、陶器无法盛物、房屋无法居住，"有"也就失去了其存在的价值和意义。

无以为用："无"并非消极的不存在，而是具有积极的作用和价值。老子强调"无之以为用"，即"无"是使"有"发挥作用的关键。例如，车毂的中空部分使车轴得以插入，从而让车轮转动，实现车的运输功能；陶器的中空使其能够盛装物品，发挥容器的作用；房屋的内部空间为人提供了居住的场所，实现了房屋的居住功能。这说明，"无"是"有"发挥作用的基础和前提，是一种无形的、潜在的力量。

"无"的哲学意义深远，值得深入分析和探讨，具体可以从以下几方面进行讨论。①超越具体形态："无"超越了具体的物质形态和有限的存在，指向一种更抽象、更本质的层面。它提醒人们不要仅局限于事物的表面和实体部分，而要关注事物背后更深层次的、无形的因素。例如，在思考问题时，不仅要看到可见的物质利益和实际成果，还要考虑到那些潜在的、无形的条件和因素对事物发展的影响。②作为存在的根源和基础：道家认为"无"是宇宙万物的根源和本体，是一种先于具体事物存在的、更为根本的存在状态。从宇宙生成论的角度看，"无"是一种混沌未分、无形无象的原始状态，万物皆从"无"中生出。在这一意义上，"无"具有本体论的地位，是世界的本原和基础。③体现自然无为的精神："无"蕴含着自然无为的思想。道家主张顺应自然，反对人为的干预和强制。"无"的状态就像是一种自然的、本然的状态，不刻意、不造作。例如，在治理国家时，统治者应效法自然之道，减少过多的政令和干预，让百姓自然发展，实现"无为而治"。在个人修养方面，也要保持内心的虚静和无为，不被过多的欲望和杂念所干扰，从而达到心灵的宁静和自由。

老子之思，实际上是思维品质的提升。

9. 第3册3单元《大卫·科波菲尔（节选）》

《大卫·科波菲尔（节选）》中，主要通过人物形象和情节展现了几种不同的金钱观。

对金钱的批判态度（金钱造成社会不公）：小说以19世纪英国为背景，当时社会贫富差距悬殊，资本家为了雇用更加廉价的劳动力而大量使用童工。例如，大卫年仅10岁就被继父遗弃，被迫失学去当童工，而处于上层社会的贵族和资产阶级却享受着优渥的物质生活。这体现了金钱在社会分配中的不平等，导致了底层人民的苦难。

对金钱的理性认识（金钱不是万能的）：米考伯先生虽然经济拮据，债台高筑，但他在困境中依然保持着乐观积极的心态，没有被金钱所左右。他不过分追求金钱，懂得知足常乐。

安贫乐道的可贵：尽管大卫身处贫困的环境中，做着艰辛的童工工作，但他没有被金钱所迷惑，依然保持着善良、诚挚、积极向上的品质，渴望通过自己的努力和奋斗来改变命运，而不是依赖金钱。他在面对米考伯先生的债务时，能够主动帮助他们，体现了他对金钱的超脱和对人性、友情的重视。

现实社会中，人们常常面临对金钱的无奈与挣扎，在这种情况下，阅读大卫的困境与奋斗故事，可以激励年轻的学生在逆境中保持坚韧的意志，不至于消沉或自暴自弃。学生们可以看到，在困难面前，依然可以努力工作维持生活，改变现状。这种精神体现了其在困境中竭力挣扎、对美好生活保持向往的生命力。

10. 第3册3单元《复活（节选）》

学生必须站在整本书的角度，才能清晰理解这段节选的上下文及其意义。《复活》其实是爱的复活，主人公对玛丝洛娃的态度，从最初的单纯的性吸引发展到了真正的爱情，性与爱在小说中有着复杂而深刻的交织。

初期的美好爱情：聂赫留朵夫与玛丝洛娃最初的感情是纯真而美好的。那时的聂赫留朵夫善良、热情、充满理想，玛丝洛娃纯真善良，对生活充满美好的憧憬。两人在朝夕相处中渐渐萌生爱意，这种爱是少男少女之间的纯洁情感,没有世俗的杂质。

纯洁爱情的堕落:三年后,聂赫留朵夫再次见到玛丝洛娃时,他已经变成了一个骄奢淫逸的花花公子,世俗观念和情欲占了上风,控制着他的行为。他在临行前夜引诱了玛丝洛娃,并在塞给她一张一百卢布的钞票后,一走了之,彻底摧毁了玛丝洛娃的纯真和两人之间原本美好的爱情。这一行为导致玛丝洛娃陷入了痛苦和绝望之中,最终沦落风尘。

爱的觉醒与救赎:多年后,聂赫留朵夫在法庭上再次见到玛丝洛娃,令他的内心受到了极大的震动,思想慢慢发生了转变,开始意识到自己的罪过,良心受到谴责。他下定决心向玛丝洛娃赎罪,为她奔走申冤,甚至想要和她结婚,以弥补自己曾经的过错。正是在这一过程中,聂赫留朵夫对玛丝洛娃的爱逐渐从肉欲和自私的层面上升到了精神和道德的层面,他开始真正关心玛丝洛娃的命运和灵魂。玛丝洛娃的情感也发生了变化。她内心逐渐软化,开始重新审视聂赫留朵夫,发现他确实是真心悔改后,也深深被他的精神所打动,善良的灵魂也被唤醒,最终她原谅了聂赫留朵夫。

玛丝洛娃的精神复活:在与聂赫留朵夫的相处过程中,玛丝洛娃不仅戒掉了烟酒,不再卖弄风情,还开始愿意帮助别人,她的精神一步步复活。最终,她与善良的流放犯人西蒙松走到了一起,这种结合更多的是基于精神上的相互理解和尊重,而不是肉欲的冲动。玛丝洛娃在经历了痛苦和磨难之后,对爱与性有了更深刻的理解。她不再是那个被肉欲和世俗所左右的女子,而是找到了真正属于自己的精神归宿。

聂赫留朵夫爱的自赎:聂赫留朵夫在为玛丝洛娃赎罪的过程中,也经历了自己灵魂的救赎。他放弃了贵族的生活方式,把自己的土地无偿地分给了农民,并与上流社会切断联系,选择过一种全新的生活。他对玛丝洛娃的爱不再是自私的占有,而是希望她能够获得真正的幸福和自由。这种爱与性的升华,使聂赫留朵夫实现了自我的超越和灵魂的复活。

以爱的名义和方式活在世界上,这是托尔斯泰教给我们对人生的伟大启示!

11. 第3册3单元《老人与海(节选)》

老人自强不息,虽败犹荣。

顽强的意志：在鲨鱼的一次次攻击下，老人没有放弃，而是顽强地抵抗。这种顽强的意志体现了他不屈不挠的精神。"他知道他终于给打败了，而且一点补救的办法也没有，于是他走回船艄，发现舵把那锯齿形的断头还可以安在舵的狭槽里，让他用来掌舵"。即使知道自己可能无法成功带回大鱼，他依然坚持着，这种精神令人动容。

自我激励与乐观精神：老人在返程过程中，不断地自我激励。他回忆自己的过去，想起自己曾经的强壮和勇敢，用这些回忆来给自己加油打气。同时，他也保持着一种乐观的精神，尽管情况十分危急，但他没有陷入绝望。例如，他会对自己说："想点开心的事吧，老家伙，""一分钟一分钟过去，离家越来越近了。丢掉了四十磅鱼肉，船走起来更轻快些。"这种自我激励和乐观精神帮助他在困境中坚持下去。

对尊严的坚守：老人深知自己的劳动成果即将被鲨鱼夺走，但他仍然奋力抵抗，这是他对自己尊严的坚守。他把这次捕鱼看作是自己生命价值的体现，即使最后只能带回一副鱼骨，他也要捍卫自己的尊严。"一个人可以被毁灭，但不能被打败。"这句话完美诠释了老人对尊严的执着，他用行动诠释了生命的不屈与尊严。

生命的抗争与价值象征：老人在返程中的抗争象征着生命在困境中的不屈挣扎。马林鱼象征着老人所追求的目标和生命的价值，鲨鱼则象征着生命中不可避免的挫折和困难。尽管目标可能会被困难吞噬，但老人的抗争过程体现了生命的价值不在于结果，而在于为了目标不懈奋斗的过程。这种主题的深化使读者更加深刻地理解了生命的意义和价值。

在"迷惘的一代"中，海明威写就了"硬汉子"精神。

（五）德育资源具体分析：高中语文选择性必修中册（节选）

1. 第4册1单元《社会历史的决定性基础》

恩格斯的这封信，对马克思主义唯物史观的核心观点进行了阐述。

经济基础的决定性作用：马克思主义指出，社会历史的发展是多种因素互相作用下的结果，其中经济基础起着决定性的作用。文中写道，经济基础主要是指社会的生产方式，包括生产力和生产关系两方面。生产力决定生产关系,而生产关系的总和构成了社会的经济基础。

上层建筑与经济基础的辩证关系:马克思主义强调上层建筑(包括政治、法律、哲学、宗教等观点,以及和这些观点相适应的政治、法律等设施)是由经济基础决定的,但上层建筑也会对经济基础产生反作用。当上层建筑适应经济基础时,它会促进经济基础的巩固和发展;反之,则会阻碍经济基础的发展。以资本主义社会为例,资产阶级的政治统治和法律制度(上层建筑)是为维护资本主义的经济基础(私有制和雇佣劳动制度)服务的。当无产阶级要求改变这种经济基础时,资产阶级的上层建筑就会通过国家机器等手段来维护现有的经济基础。

生产力是历史发展的根本动力:马克思主义认为,生产力的发展是推动社会历史前进的根本动力。生产力的要素包括劳动者、劳动资料和劳动对象。随着劳动者素质的提高、劳动资料的改进和劳动对象的拓展,生产力会以渐进性的方式不断发展。这种发展具有连续性和阶段性,例如,从石器时代到青铜器时代,再到铁器时代,由生产工具的革新导致的生产力的不断进步推动了人类社会按阶段从原始社会迈向奴隶社会、封建社会等更高级形态的演进。

社会形态的更替规律:根据马克思主义唯物史观,社会形态的更替是由生产力和生产关系、经济基础和上层建筑的矛盾运动决定的。当旧的生产关系不能适应生产力的发展时,就会引发社会革命,从而导致社会形态的更替。例如,在封建社会后期,随着商品经济的发展和生产力的提高,封建的生产关系(如地主与农民的关系)和上层建筑(封建专制制度)逐渐成为生产力发展的障碍。资本主义生产关系便在封建社会的内部逐渐孕育,并最终通过资产阶级革命取代了封建制度,建立了资本主义社会。

要注意马克思主义在认识社会现象中的应用价值,具体表现为:①全面分析社会问题的视角。它要求我们在分析社会问题时,不能只看表面现象,而要深入经济基础层面去进行研究。以社会不平等现象的分析为例,我们在关注收入分配、教育机会等表面问题之后,还要继续探究其背后的经济基础原因,如该社会体制中生产资料所有制的不平等、雇佣劳动制度的剥削本质等问题。②对社会变革的指导意义。马克思主义对于理解社会变革的方向和动力具有重要的指导价值。它让人们认识到,社会变革的根源在于生产力和生产关系的矛盾,只有通过改变不合理的生产关系,解放和发展生产力,才能实现社会的进步。例如,在工人运动和社会主义革命中,马克思主义理论指导无产阶级认识到自身的历史使命,即推翻资本主义制度,建立以公有制为基础的社会主义社会,从而实现社会的公平正义和人类的解放。

2. 第4册1单元《改造我们的学习》

《改造我们的学习》对马克思主义与中国革命实践相结合的必要性作了阐述。

理论与实际的差异凸显结合的迫切性:马克思主义是一种源于西方社会经济政治环境的科学理论,具有普遍的指导意义。然而,中国有着独特的国情,包括半殖民地半封建社会性质、庞大的农民群体、复杂的民族矛盾和阶级矛盾等。如果只是生搬硬套马克思主义的理论,而不考虑中国的实际情况,就无法有效地指导中国革命。例如,中国革命不能简单地像欧洲无产阶级革命那样,主要依靠城市工人阶级的武装起义,因为中国城市中反动势力强大,而广大农村地区有着深厚的革命潜力。这就凸显了将马克思主义与中国革命实践相结合的迫切性。

中国革命困境呼吁正确的理论指导:中国革命在早期经历了诸多挫折,如陈独秀的右倾机会主义和王明的"左"倾教条主义错误,这些错误使中国革命遭受了严重损失。其根源在于没有将马克思主义与中国实际相结合,而是教条地对待马克思主义理论。中国革命的困境迫切需要一种正确的理论指导,即把马克思主义的基本原理与中国的具体国情、革命实践相结合,形成适合中国革命实际需要的理论和策略。

《改造我们的学习》对结合方式的具体指导:①强调调查研究的重要性。文章强调要注重调查研究,这是马克思主义与中国革命实践相结合的重要方法。例如,通过对农村阶级状况的调查,了解农民的土地要求、生活状况和革命意愿,才能制定出符合农民利益的土地革命路线,使马克思主义的阶级斗争理论在中国农村革命实践中得到正确运用。②批判主观主义学风,树立马克思主义学风。文中严厉批判了主观主义的学风,包括教条主义和经验主义。与之相对,毛泽东倡导树立马克思主义学风,即运用马克思主义的立场、观点和方法,对中国革命的实际问题进行具体的分析和研究,从中国的历史和现状出发,总结中国革命的经验教训,找出规律,指导实践。③对中国革命胜利的深远意义,即正确战略战术的制定是革命胜利的关键。统一思想,凝聚力量,当全党同志都认识到要将马克思主义与中国实际相结合时,就能够避免思想上的混乱和行动上的盲目,使大家心往一处想,劲往一处使。

建议与《延安整风运动》等文一起阅读,以全面了解毛泽东在那一时期的理论贡献和实践指导作用。

3. 第4册1单元《人的正确思想是从哪里来的?》

《人的正确思想是从哪里来的?》这篇文章,深刻阐述了辩证唯物论,系统地探讨了正确思想的来源。

认识来源的唯物论观点:文章指出,人的正确思想源于社会实践,这体现了辩证唯物论中认识依赖实践的原理。生产、阶级斗争和科学实验是认识世界的基本途径。例如,农民通过长期的农业生产实践,了解土壤、气候对作物的影响,这一认识正是基于田间劳作的实践经验。同时,辩证唯物论认为,物质是世界的本原,意识是其产物。在认识过程中,人的思想是对客观物质世界的反映。如对资本主义社会的认识,就是基于对其经济基础、上层建筑等客观存在的观察研究。

认识过程的辩证法观点:文中阐述了认识的两次飞跃。从感性认识上升到理性认识,是第一次飞跃。感性认识是对事物现象的直观感受,例如看到苹果落地。而理性认识则是对事物本质的把握,如牛顿从苹果落地发现万有引力定律。第二次飞跃是从理性认识回到实践,因为认识的最终目的是指导实践,而实践是检验真理的唯一标准。同时,认识具有反复性和无限性。由于客观事物复杂多变,人们在认识过程中受多种条件的限制,对事物的正确认识需多次反复才能完成。随着实践的发展,认识也不断深化拓展。如人类对宇宙的认识,从古代的"天圆地方"说到现代宇宙大爆炸理论,就体现了这一过程。

实践与认识的辩证统一关系对实际工作的指导意义:文章要求在实际工作中坚持正确的思想路线,一切从实际出发,实事求是。制定政策要依据客观实际,通过调研了解情况,而非主观臆断。例如,在经济建设中,要依据本国资源、经济水平等制定产业政策。同时,认识需在实践中检验和发展。社会改革、科技创新等领域的理论和政策,都要在实践中验证,并据反馈进行调整和完善。我国的改革开放政策就是一个典型例子,通过设立经济特区等实践,不断探索、总结经验,推动了经济的快速发展。

4. 第 4 册 1 单元《实践是检验真理的唯一标准》

《实践是检验真理的唯一标准》这篇文章深刻地遵循并发扬了辩证唯物论,是特殊历史年代的哲学归位,强调实践第一的唯物论观点。

实践是认识的基础:文章坚定地秉持了辩证唯物论中实践第一的观点。辩证唯物论认为,实践是认识的来源、动力、目的和检验标准。在认识的产生方面,文章指出真理的认识来源于实践活动。例如,自然科学领域中的各种定理和理论,如牛顿力学定律、爱因斯坦相对论等,都是科学家们通过大量的实验、观察等实践活动总结出来的。这些理论不是凭空想象的产物,而是在实践基础上对自然规律的正确把握。

批判"两个凡是"的错误观点,体现认识发展的辩证法思想:真理的相对性与绝对性。一方面,承认真理是绝对的,即真理是对客观事物及其规律的正确反映。例如,马克思主义的基本原理是经过实践检验的科学真理,具有绝对性。另一方面,又强调真理的相对性,即真理是在一定条件下、一定范围内的正确认识。例如,马克思主义在中国的应用过程中,随着中国革命和建设实践的发展,其具体理论形态不断得到创新和发展,从毛泽东思想到邓小平理论、"三个代表"重要思想、科学发展观和习近平新时代中国特色社会主义思想,这一系列理论发展体现了马克思主义真理在实践中不断发展的过程。

体现认识的动态发展过程:实践是不断发展的,人的认识也随之不断前进。新的实践会产生新的问题,促使人们去探索新的真理。例如,在科技领域,随着计算机技术的飞速发展,从大型计算机到个人电脑,再到智能手机的出现,人们对于信息技术、互联网应用等方面的认识也在不断更新。这种认识的动态发展是在实践推动下,对客观世界的不断深入理解,体现了辩证唯物论中认识与实践相互促进的关系。

对推动社会进步的重要意义：解放思想，推动改革开放。文章所阐述的辩证唯物论观点，在当时的社会背景下起到了解放思想的巨大作用。在该观点下，思想禁锢被打破，从而为改革开放政策的实施奠定了思想基础。强调实践是检验真理的唯一标准，以鼓励人们勇于尝试践行新的理念和方法，大胆推行经济体制改革、科技体制改革等一系列实践活动，例如经济特区的设立。

促进科学研究和理论创新：在学术和科研领域，这一观点推动了科技进步。科学家们在该观点的指导下更加注重通过实践来验证和发展理论，促使各学科领域在实践基础上不断取得新的突破。例如，在医学研究中，新的治疗方法和药物研发都需要经过大量的临床试验来验证其有效性和安全性，这种以实践为检验标准的理念推动了医学科学的持续进步。

5. 第4册1单元《修辞立其诚》

《修辞立其诚》的三层含义，名实一致、言行一致、表里一致，从历史文化上看，源自儒家根源；从哲学角度看，又符合唯物辩证法，具有深刻的现代意义。它强调的不仅是重要的表达原则，更深深扎根于儒家思想。在现代学术研究、个人修养和道德品质塑造方面，这些原则有着重要意义。

名实一致：学术研究的严谨基石。名实一致要求事物的名称与实际内容相符。在学术研究领域，这是治学的基本准则。儒家倡导"正名"，孔子说，"名不正，则言不顺；言不顺，则事不成"，强调名称的准确性对行为和结果的影响。在现代学术中，研究成果必须真实反映研究对象的本质和规律。以科研实验为例，实验数据必须如实记录，不能篡改或伪造。若为追求发表成果而虚报数据，使研究结论与实际情况脱节，不仅违背学术道德，还会误导后续研究，阻碍学术进步。只有做到名实一致，学术研究才能建立在可靠的基础上，推动知识的积累与发展。

言行一致：个人修养的实干导向。言行一致，即所说与所做相符，这是儒家极为重视的个人修养标准。《论语》中"君子欲讷于言而敏于行"，体现出对行动的重视。在个人修养层面，这意味着要以实际行动践行自己的言论。例如，承诺学习一门新技能，就应制定计划并付诸实践，而非仅停留在口头。在工作中，答应完成的任务要全力以赴，不能敷衍塞责。通过言行一致,能塑造可靠的个人形象,提升自我管理能力,也有助于在社会交往中赢得他人的信任与尊重。

表里一致:道德品质的诚实核心。表里一致要求内心的想法与外在表现一致,是道德诚实的直接体现。儒家倡导的"诚",强调内心的真实无妄。《大学》中"所谓诚其意者,毋自欺也",警示人们要真诚对待自己。在道德实践中,表里一致表现为无论何时何地,都坚守道德原则。在无人监督时,也不做违背道德之事。例如,拾金不昧,无论周围是否有人,都将财物归还失主,这是内心道德准则的外在彰显。做到表里一致,能使个人道德品质趋于完善,促进社会良好道德风尚的形成。

《修辞立其诚》的三层含义,以儒家思想为底蕴,为现代社会的学术研究、个人修养和道德建设提供了清晰的指引。在各个领域践行这三层含义,有助于推动社会的进步与发展,实现个人与社会的和谐共生。

6. 第4册1单元《怜悯是人的天性》

《怜悯是人的天性》是作者卢梭基于对自然状态和社会状态的对比研究提出的观点。要从以下几方面去理解他的观点。

要关注时代背景:卢梭所处的时代,正是社会经历着剧烈的变革与动荡的时期。启蒙运动蓬勃发展,人们对人性、社会制度和道德观念等诸多问题进行了深入的探讨。在这样的背景下,卢梭通过《怜悯是人的天性》阐述了他对人性的深刻见解。卢梭认为,在自然状态下,人类未受到社会文明中诸多不良因素的侵蚀,保持着较为纯粹的天性。这种自然状态下的人,拥有一种本能的怜悯之情。他从对原始人类生存状态的推测出发,认为人类在最开始的时候,就像自然界的动物一样,有着基于本能的情感反应。这种反应是先于理性的,是人类与生俱来的品质。

人性本善的具体体现与论证:在文中,卢梭指出怜悯是人的天性,这是人性本善的重要证据。他认为,怜悯区别于其他情感,这种情绪并非是通过后天教育或者社会规范习得的,而是一种本能反应,是在看到同类遭受苦难时能够自然而然产生的。即使是一个孩童,在目睹别的孩童哭泣或者受伤时,也会相应地表现出难过的情绪。同情的产生并不需要经历复杂的思考过程,它更近似于一种直觉。比如,当人们看到街边的乞丐挨饿受冻,或者看到灾难中流离失所的人们时,内心会涌起一股想要施以援手的冲动,这就是人性本善的实际体现。这种情绪不是基于利益的权衡,也不是获取回报的手段,而是一种纯粹的、源自内心深处的善意。

同情心作为美德的内涵与价值:卢梭强调同情心是一种具有丰富内涵的美德。同情心是一种能够设身处地为他人着想的情感能力,使人能够站在他人的角度去感受并未实际发生在自己身上的痛苦,从而理解他人的困境。这与缺乏同情心者的冷漠和麻木形成鲜明对比。

对社会伦理和道德观念的深远影响:卢梭的观点对社会伦理和道德观念产生了深远的影响。在伦理观念上,它驱使人们重新审视人与人之间的关系。在承认同情心是人的天性和美德后,人们应该在社会交往中注重尊重和保护这种天性。这意味着社会应该尽可能地营造一种鼓励同情和互助的氛围,而不是选择压抑这种情感。

而在道德观念方面,卢梭的观点也为道德教育提供了新的方向。它提醒人们,道德并不仅是外在的规则和约束,更是一种内在的情感和人格培养。教育者应该注重挖掘并培养个体的同情心,利用教育引导人们认识到这种天性的美好之处,注意维持自己的同情心并将其转化为实际的、应用到生活中的道德行为。例如,在学校教育中,可以通过组织慈善活动、志愿服务等方式,让学生亲身体验同情他人和帮助他人的过程,从而培养他们的道德品质。

7. 第 4 册 1 单元《人应当坚持正义》

《人应当坚持正义》体现了柏拉图心目中对绝对真理的坚守,强调了舍生取义作为一种优秀的道德品质,展现了对正义的坚定追求。

柏拉图对绝对真理的坚持:柏拉图在《人应当坚持正义》中所展现出的对心目中绝对真理的坚持,源于他的哲学理念。他坚信存在一个超越现象世界的、永恒不变的理念世界,而正义就是这个理念世界中的重要组成部分。在他的观念里,这种绝对的正义就如同数学公理一样,具有不可动摇的正确性。

例如,他通过苏格拉底之口阐述正义的理念,认为正义是一种内在的、本质的善,不应该被世俗的利益和权力所左右。他的这种坚持在一定程度上是对纯粹道德原则的坚守。就像在面对复杂多变的政治环境和社会舆论时，柏拉图始终认为正义有其固定的、不容置疑的标准，人们应当遵循这个标准来行动。这种坚持体现了他对道德理想的高度忠诚，也反映了他对人类道德行为准则的深入思考。

所谓"迂腐"的一面分析：柏拉图坚持绝对真理被认为有"迂腐"的一面，主要是因为他的理念在现实世界的实践中可能会遇到困难。他所倡导的正义观念往往是基于理想化的假设和哲学思辨，与现实生活中的复杂情况存在差距。在实际的政治和社会生活中，正义的实现往往不得不考虑各种利益平衡和现实因素，并相应地做出让步和割舍。柏拉图可能过于强调正义的绝对标准，而忽视了这些实际情况。他的理念可能会导致在面对一些具体的、需要灵活处理的问题时，显得有些刻板和不切实际，从而在现实世界中面临道德困境。比如，在战争时期，一些在和平时期被认为是正义的原则，如绝对的不杀生，可能会因为需要优先考虑国家的存亡和人民的安全等因素而有待重新审视。

舍生取义的道德品质体现：然而，柏拉图所展现的舍生取义精神无疑是一种优秀的道德品质。舍生取义意味着为了正义的理念和道德原则，不惜牺牲个人的生命。在《人应当坚持正义》中，这种精神通过对正义的坚定捍卫得以体现。从道德层面来讲，舍生取义是一种对更高价值的追求。当正义受到威胁，如面临不公正的审判或者压迫时，选择坚守正义而非妥协求生，展现了一个人对道德信念的无比忠诚。例如，历史上许多仁人志士，为了正义的事业，面对生死抉择时毫不退缩。他们像柏拉图所倡导的那样，将正义视为高于生命的存在，这种精神激励着后人，成为人类道德进步的重要动力。它体现了一种无私的、对真理和正义的献身精神，使个体超越了自我保存的本能，为了更伟大的道德目标而奋斗。

8. 第4册2单元《记念刘和珍君》

《记念刘和珍君》是鲁迅先生为纪念在1926年"三一八"惨案中遇害的刘和珍等爱国青年而作的悼念文章。他指出，爱国青年们是为了国家的前途、民族的命运而请愿，他们的行动是正义的、合理的。然而，反动势力却用武力来对付这些手无寸铁的青年，这是对民主和正义的公然践踏。

国内背景:军阀混战与民众觉醒(可结合欣赏电视剧《觉醒年代》)。当时各地军阀割据一方,为争夺地盘和利益频繁开战。这种混乱的局面导致国家经济遭到严重破坏,人民生活困苦不堪。同时,新文化运动的兴起促使民众的民主和科学意识逐渐觉醒。青年学生作为先锋力量,积极传播新思想,对封建军阀统治和帝国主义侵略的认识日益深刻。他们渴望改变国家命运,对社会现状的不满情绪不断积累,为大规模的群众运动埋下了伏笔。

国际背景:帝国主义侵略与干涉。当时的中国是列强争夺利益的重要场所。帝国主义国家通过不平等条约在中国获取了诸多特权,如经济上的通商口岸、海关控制权,政治上的领事裁判权等。同时,他们还干涉中国内政,扶持不同的军阀势力,企图以此来巩固自己在中国的势力范围。例如,日本帝国主义就对中国北方的事务多加干涉,这使得中国国内的政治局势更加复杂。

段祺瑞政府的卖国行径:不惜牺牲国家利益以获取帝国主义的支持。在惨案发生前,段祺瑞政府在处理外交事务中常常表现出软弱和妥协的态度。例如,在大沽口事件中,外国军舰闯入大沽口,严重侵犯了中国的主权。然而,段祺瑞政府却没有坚决抵抗,不仅不作为,反而为虎作伥。此外,段祺瑞政府还与日本秘密签订了一系列卖国协定,如西原借款相关协定等。

这是一次民众的爱国请愿活动,是对国家和民族的大义的体现。

9. 第4册2单元《为了忘却的记念》

《为了忘却的记念》是鲁迅1933年创作的杂文,是怀念"左联五烈士"的作品。

20世纪30年代初期,国民党政府为了巩固其独裁统治,对共产党人和进步人士进行了残酷的镇压,白色恐怖笼罩着整个社会。特务机关肆意横行,到处搜捕所谓的"异己分子"。在这种环境下,许多共产党员和进步青年被秘密逮捕,遭受严刑拷打,甚至被杀害。这种血腥的镇压手段是国民党企图消灭一切反对声音的体现。国民党政府在进行政治迫害的同时,还对进步文化展开了大规模的"围剿"。他们通过查禁进步书籍、报刊,破坏进步文化团体等手段,试图控制人们的思想。

"左联"(中国左翼作家联盟)作为进步文化团体,积极宣传马克思主义文艺理论,揭露国民党反动派的黑暗统治和帝国主义的侵略本质。国民党当局将"左联"视为对其统治的巨大威胁,因此对"左联"成员进行了疯狂的迫害。当时,封建复古主义和法西斯主义文化被国民党大力宣扬,目的是抵制马克思主义等进步思想的传播。然而,进步文化人士并没有屈服。以鲁迅为代表的左翼作家们,通过各种文学形式,如杂文、小说、诗歌等,继续揭露社会黑暗,批判反动统治。尽管面临巨大的压力,进步文化运动依然蓬勃开展,成为当时黑暗社会中的一丝曙光。

1931 年 1 月 17 日,国民党淞沪警备司令部以"共产分子""宣传赤化"等罪名将柔石、白莽、胡也频、李伟森、冯铿五人逮捕。2 月 7 日,他们五人被秘密杀害于上海龙华。这一事件震惊了文化界,也让鲁迅陷入了巨大的悲愤之中。鲁迅与这些青年作家有着深厚的情谊,他们在文学创作和革命活动中相互支持、相互鼓励。这些青年作家的遇害,使鲁迅深刻地感受到了国民党反动派的凶残和黑暗统治的残酷。在这种悲愤的情绪下,为了纪念这些牺牲的战友,揭露国民党的暴行,激励更多的人继续战斗,鲁迅于 1933 年 2 月 7 至 8 日写下了《为了忘却的记念》这篇悲愤交织的纪念文章。

10. 第 4 册 2 单元《包身工》

和普通工人相比,包身工遭到了更加严酷的剥削与压迫。这篇报告文学是作者夏衍用生命换来的真实,这些无产者迫切需要共产党的领导。

包身工是奴隶:包身工制度是旧中国半殖民地半封建社会的畸形产物。她们处于一种半工半奴的特殊状态。从"工"的角度看,包身工和普通工人一样从事工厂的生产劳动,是产业工人的一部分。但从"奴"的角度,她们的遭遇却极其悲惨。在劳动过程中,包身工承受着极其残酷的剥削。普通工人有一定的工作时间和休息制度,而包身工则是从早到晚长时间劳作。她们常常天不亮就被赶起来干活,一直干到深夜。劳动强度极大,而且劳动报酬极低,几乎所有的收入都被包工头克扣,自己只能得到勉强维持生存的微薄物资,甚至连这点基本的生活保障有时都无法满足。须知,这种现象在当今世界仍然存在,一定要认识到其血腥的本质。

个体反抗的微弱与局限:在这种极度压迫的环境下,包身工也有个体反抗的行为。有的包身工会在工作中故意放慢速度,这是她们对剥削者的一种无声抗议。然而,这种个体反抗的力量非常微弱。因为包工头和工厂的监工对她们有着绝对的控制权,一旦发现包身工有反抗的迹象,就会对她们进行残酷的惩罚,如殴打、饿饭、关禁闭等。并且,包身工个体的反抗很难形成规模。由于她们文化程度低,信息闭塞,很难意识到团结起来反抗的力量。同时,她们被分散在各个工厂,受到严格的监视和管理,很难相互沟通和联合,所以个体的反抗在强大的压迫势力面前显得不堪一击。

共产党领导的必要性与意义:在这种背景下,共产党的领导对于工人反抗压迫至关重要。共产党不仅代表着工人阶级的利益,还能够为工人提供组织和思想上的支持。党组织可以深入工厂,向工人们宣传革命思想,让她们意识到自己遭受压迫的根源在于不合理的社会制度,从而提高她们的阶级觉悟,激发工人们反抗社会制度的决心和热情。

通过共产党的组织,工人们能够团结起来,形成强大的、统一的力量。共产党可以领导她们进行有组织、有纪律、目标明确的罢工、示威等活动,提出改善工作条件、提高工资待遇等合理公正的要求,与资本家、包工头进行谈判和抗争,将个体的微弱反抗转变为群体的、有力的斗争。依靠集中的群众力量,工人们的悲惨命运才有更多改变的希望,推动社会的进步,最终实现新民主主义革命,从根本上取缔这种残酷的包身工制度。

11. 第4册2单元《荷花淀》

《荷花淀》把朴素的爱情、亲情转化为对日寇侵略者作战的激情和爱国精神。

朴素情感的细腻描绘:可以从细节入手,展现人物之间含蓄却真挚的情感。

情感转化的关键契机:日军的侵略是情感转化的直接诱因。白洋淀地区遭受日寇的蹂躏,平静的生活被打破。对于这里的人们来说,家园被侵犯,亲人面临危险,这种外在的威胁使得他们内心的情感发生了变化。水生等男子们首先意识到保卫家乡的责任,他们积极投身抗日队伍。这种行为也触动了女人们。当女人们在探望丈夫的途中遭遇敌人的汽艇追击时,她们开始亲身感受到战争的残酷。在经历了紧张的躲避和与敌人的周旋后,她们对日军的仇恨进一步加深。这种情感的转化不是一蹴而就的,而是在一系列的事件中逐渐完成的。

战斗激情和民族大义:女人们在经历了与敌人的遭遇后,她们的情感从对丈夫的思念和牵挂,转化为对日寇的愤恨和对战斗的渴望。她们学会了射击,成立了自己的队伍,准备和敌人战斗到底。例如,文中有这样的描写:"她们配合子弟兵作战,出入在那芦苇的海里。"这种转变体现了她们从普通的农村妇女变成勇敢的抗日战士的过程。这种民族大义还体现在她们对家乡的守护上。白洋淀的荷花、芦苇等自然景物不仅是她们生活的环境,更成为了她们保卫的对象。她们深知只有赶走日寇,才能恢复家乡的安宁,才能让自己的爱情和亲情有安稳的寄托。

12. 第 4 册 2 单元《党费》

王愿坚的《党费》,讲述的是中央红军长征后,闽粤赣边区陷入革命低潮,在艰难困苦的环境中,留下的共产党员忠于党,忠于信念,不顾个人安全,坚持斗争的事迹。

故事背景:革命低潮的艰难处境。

人物形象:女共产党员黄新在地下工作中,为了向党组织交纳党费——那珍贵的咸菜并掩护同志,她想尽办法,最终英勇牺牲的故事。她对党的忠诚体现在她的每一个行动中,她把党费看作与党联系的重要纽带,是自己对革命事业的坚定支持。

主题体现:忠于党和信念的不屈斗争。小说深刻地体现了共产党员不顾个人安全坚持斗争的主题。在敌人的重重包围下,这些共产党员没有放弃信仰。他们知道,自己的每一次行动都可能暴露身份,招来杀身之祸,但他们依然坚持为党工作。这种忠诚和斗争精神,如同黑暗中的灯塔,照亮了革命低潮时期人们的心灵,激励着更多的人继续为革命事业而奋斗。

一些学校将这篇文章改编为红色教育课本剧,也是一种有效的学科德育实践。

13. 第 4 册 3 单元《屈原列传》

屈原作为传统士大夫的典型代表,展现了知识分子的责任心与风骨,特别是在逆境下,他不同流合污,宁可玉碎,不愿瓦全。

（1）逆境中的坚守与责任心展现。

对国家命运的执着牵挂：屈原身处逆境，被楚怀王疏远和流放，但他的责任心从未磨灭。他对楚国的命运始终怀着深深的牵挂，这份情感源于他作为士大夫对国家的使命感。在流放期间，他目睹了楚国在奸佞小人的误导下逐渐走向衰败。然而，他没有选择置身事外，而是通过诗歌来抒发自己对国家前途的忧虑。《离骚》等作品不仅是文学瑰宝，更是他心系国家的见证。在诗中，他反复提及楚国的兴衰，表达自己对国家的忠诚以及对正确治国方略的坚持，如"长太息以掩涕兮，哀民生之多艰"，体现出他对楚国百姓生活艰难的痛心，即使自己遭受不公待遇，依然把国家和人民的福祉放在心上。

对理想政治的不懈追求：屈原的责任心还体现在他对理想政治的执着追求上。他渴望楚国能够建立一个公正、贤能的政治秩序，即"举贤而授能兮，循绳墨而不颇"。这种对理想政治的不懈追求，是传统士大夫责任心的重要体现。他深知良好的政治环境是国家繁荣的基础，因此即使在个人身处困境时，也不放弃为国家的政治清明而努力。

（2）不同流合污的高尚风骨彰显。

拒绝妥协的精神：屈原坚守自己的道德准则和政治理念，认为正直和忠诚是士大夫最基本的品质。他深知与邪恶势力勾结可能会换来一时的安逸，但这会违背他的良心和对国家的忠诚。这种拒绝妥协的精神，展现了他在逆境中坚守自我的骨气。

宁为玉碎的气节：屈原在诗中表达了自己至死不渝的信念，如"亦余心之所善兮，虽九死其犹未悔"。他宁愿选择保持自己的高洁品质，承受孤独、困苦甚至死亡，也不愿向那些诋毁他、破坏国家的势力低头。这种宁为玉碎的气节，是传统士大夫风骨的极致体现。在那个混乱的时代，他如同黑暗中的灯塔，以自己的生命捍卫了正义和尊严，为后世的知识分子树立了不朽的榜样。

精神独立的楷模：屈原不依赖外界的权势来肯定自己，而是通过自己的内心世界和文学创作来坚守独立的精神。他的作品充满了对真理、正义和美的追求，不受当时世俗观念的束缚。在被流放的岁月里，他的精神世界依然丰富而坚定。这种精神独立使他能够在困境中保持清醒的头脑,不被外界的压力和诱惑所左右,成为后世知识分子在面对逆境时追求精神独立的楷模。

14. 第 4 册 3 单元《五代史伶官传序》

从《五代史伶官传序》中我们可以看出,缺乏共同信念的政治军事团体,在面临外部巨大压力时,可能表现出巨大的凝聚力,从而击败敌人。然而,走向胜利之后,外部压力消失,反而迅速崩溃。这说明古人所说的"忧劳可以兴国,逸豫可以亡身"虽然看到了个人修养的影响,但没有上升到一个更高的层次,即共同信念的重要性。

（1）历史教训与凝聚力的变化。

欧阳修通过后唐庄宗李存勖的兴衰阐述了深刻的历史教训。李存勖在前期面对外部强大的敌人,如朱温建立的后梁等势力时,展现出了强大的凝聚力。他和将士们怀着复仇(其父李克用被朱温等所逼)和争夺天下的信念,在战争中同仇敌忾。

例如,在与后梁的多次战役中,李存勖身先士卒,他的军队士气高昂。这种凝聚力使得他们能够在不利的局面下多次击败后梁军队,最终统一北方大部分地区,建立后唐。然而,在取得胜利之后,庄宗开始沉溺于伶人(古代乐人)的表演等享乐之事,"逸豫"的生活让他逐渐失去了当初的信念和斗志。他对伶人极为宠信,甚至让他们参与朝政,导致朝廷内部乌烟瘴气,政治腐败。

（2）外部压力消失后的崩溃原因分析。

目标缺失与信念动摇:当外部巨大压力消失后,这个政治军事团体失去了共同奋斗的目标。之前为了生存和胜利,他们紧密团结,而胜利后,没有新的、能凝聚人心的目标出现。庄宗本人从一个斗志昂扬的君主变成了一个沉迷享乐的人,他的行为影响了整个团体。整个团体的凝聚力因为目标缺失和信念动摇而迅速瓦解。

内部矛盾的激化:在胜利之后,没有外部压力的制衡,内部矛盾开始凸显并激化。后唐庄宗时期,伶人受宠,他们与朝廷官员之间产生了权力争夺。伶人凭借庄宗的宠爱,干预政治,谋取私利,这引起了许多官员的不满。

同时,将领之间也可能因为赏赐不均等问题产生矛盾。例如,一些在战争中有功的将领没有得到应有的奖励,而伶人却轻易获得大量财富和权力,这种不公平的现象加剧了内部的分裂。

（3）共同信念的关键作用及超越个人修养层面的思考。

共同信念是凝聚力量的核心:一个政治军事团体如果有共同信念,在面对外部压力时,这种信念就像胶水一样将成员们紧紧团结在一起。它能够激发成员们的斗志,让大家为了一个共同的目标而奋斗。比如,在面临外敌入侵时,共同信念可以是保卫国家、民族尊严或者争取生存空间等。这种信念可以让士兵们不畏强敌,让将领们精心谋划战略,使整个团体发挥出强大的战斗力。

超越个人修养层面的共同信念:一个团体即使统治者个人修养良好,但如果没有共同信念作为支撑,在面对复杂的局势变化时,也很难保持长久的稳定和强大。相反,当有强烈的共同信念时,团体成员可以互相监督、互相激励,即使个别成员出现问题,整体的信念也能够纠正偏差,保持团体的凝聚力。在政治军事团体的兴衰过程中,共同信念的有无直接决定了团体是走向兴盛还是崩溃,这是一个超越个人修养层面的、对团体命运有着深远影响的关键因素。

15. 第4册1单元《玩偶之家（节选）》

《玩偶之家（节选）》展现了女主角娜拉追求男女平等与独立人格的过程,深刻揭示了生命的内在深沉含义。

（1）反抗的背景与原因。

家庭地位的不平等:娜拉的婚姻生活中,她的丈夫海尔茂在家庭事务中占据主导地位,将娜拉视为自己的附属品。从经济层面看,娜拉没有经济独立权,所有的家庭开支都依赖丈夫,这使得她在经济上处于被支配的地位。例如,她为了给丈夫治病而私自借钱,却要小心翼翼地隐瞒,因为在当时的观念下,女性没有独立的经济决策权。

社会观念的压迫:当时的社会观念将女性束缚在家庭角色中,强调女性的职责是照顾家庭、丈夫和孩子。这种观念深入人心,不仅男性这样认为,许多女性自己也接受了这种定位。

（2）追求男女平等的具体表现。

对平等婚姻关系的追求：娜拉质问丈夫为什么不能把她当作一个平等的人来看待，而只是当作一个可以随意摆弄的玩偶。她要求在婚姻中有自己的话语权，能够参与家庭事务的决策，而不再像以前那样只是被动地接受丈夫的安排。

经济独立意识的觉醒：经济独立是追求男女平等的关键一步。她虽然没有明确的经济独立计划，但她出走的行为本身就意味着她要摆脱对丈夫经济上的依赖，去寻找自己的经济来源，这是追求男女平等的一个重要体现。

（3）独立人格的塑造与展现。

自我意识的觉醒：娜拉的独立人格首先体现在自我意识的觉醒上。遭遇丈夫不公正的对待后，她开始认识到自己是一个独立的、不依附于婚姻和家庭关系的个体，有自己的思想、情感和价值观，不再盲目地遵循丈夫和社会强加给她的观念。例如，她对自己伪造签名借钱的行为有了新的认识，认为这是自己出于爱和责任感的勇敢之举，而不是像丈夫认为的那样是不道德的行为。她从自身的角度出发，形成了一种自洽的逻辑为自己辩护。这一次觉醒赋予了她独立思考自己处境和未来的能力。

勇敢的行动选择：娜拉最终离开家庭的决定在当时的社会背景下是非常大胆和叛逆的。她不顾婚姻的牵绊、社会的压力和家庭的责任，毅然决然地走出家门，选择独自面对以上种种潜在的困难。她明白离开家庭意味着将面临诸多未知的挑战，但她依然为了寻找自己真正的价值做出了抉择，坚决要塑造自己的独立人格。她的这一行动象征着她从传统女性的束缚中解放出来，开始独立地迎接生活和社会的考验，追求自己的理想和自由。

16. 第 4 册 4 单元《迷娘（之一）》

在《迷娘（之一）》中，主人公开头通过分享故乡的美景，引起对方的共鸣，敞开胸怀，将对方引入自己的内心世界，这种含蓄的表达方式富有诗意和浪漫情怀，是爱情与向往理想的融合，于是会出现和心爱的人一起回到那个美好的故乡的渴望，这种向往体现了主人公对爱情的深度理解。在她的想象中,爱情能够让两个人在理想世界中获得共同的幸福和安宁。

迷娘的爱情因此具有了超越现实的力量,成为一种精神动力,引领她走向美好未来。

17. 第4册4单元《致大海》

普希金通过对大海的描绘引入了自由的主题。

大海的无边无际、汹涌澎湃象征着自由的广阔和力量。普希金描绘大海的波涛"在我脚下拍打着零乱的石堆",这种动态的描写展现出大海不受拘束的状态,就像自由本身是一种无法被束缚的力量。

他还通过对比自己和大海的状态来强化自由主题。诗人自己在陆地上受到诸多限制,而大海却能"翻滚着蔚蓝色的波浪,和闪耀着娇美的容光",自由地展示自己的壮美。这种对比暗示着诗人对大海所拥有的自由的羡慕与赞美。

对自由的多角度歌颂,要从历史角度分析,普希金在诗中提到了许多与大海有关的历史人物,如拿破仑和拜伦;要从情感角度体会普希金的情感是复杂而深沉的;要从象征角度认识,无论大海是波涛汹涌还是风平浪静,它的本质——自由,始终不变,这也是诗人想要歌颂的自由的本质特征。这些综合形成自由主题的深化与升华:从对大海自由形态的赞美,上升到诗人内心对自由的永恒追求,从而达到了升华的境界。

18. 第4册4单元《自己之歌(节选)》

惠特曼的这首诗是对个体生命的赞美与张扬。

生命多样性的展现与欣赏:惠特曼在诗中描绘了各种各样的人物形象,包括不同职业、不同阶层的人。他提到了机械工、农夫、水手等众多角色,"我是机械工,是农夫,是水手",这些不同身份的人共同构成了生命的画卷。他以平等的视角看待他们,认为每个人的生命都有其独特的美。无论是从事体力劳动的劳动者,还是在其他领域工作的人,他们的生命都如同璀璨的星辰,各自散发着光芒。这种对生命多样性的展现,拓宽了生命之美的范畴,让人们意识到生命之美不仅仅局限于某一特定类型的人,而是体现在每一个个体身上。

情感和体验的多样性:惠特曼在诗中描绘了欢乐、悲伤、渴望、满足等多种情感,"我是一个充满热情的人,我歌唱着欢乐,也歌唱着悲哀"。这些情感丰富了生命的内涵,使生命之美更加立体。生命的美不仅仅在于外在的成就或者平静的愉悦,还在于经历各种情感的洗礼和不同体验的磨砺。通过展现这种多样性,惠特曼让读者感受到生命是一个丰富多彩的旅程,每一种情感和体验都是生命之美的一个重要组成部分。

(六) 德育资源具体分析:高中语文选择性必修下册(节选)

1. 第5册1单元《氓》

《氓》出自《诗经·卫风》,体现了女性自主意识的觉醒,这种觉醒是自觉而非自发的过程。

在《氓》中,女主人公在婚前就表现出自主意识。"匪我愆期,子无良媒",她拒绝无媒妁之言的求婚,坚守婚姻原则。古代婚姻多由父母、媒人定,她却能坚持要有合适的仪式,这体现出她独立思考的能力,希望以正当方式维护自身在婚姻中的权益,不盲目顺从。

婚后,女性的自我认知进一步深化,她开始反思不幸婚姻:婚后女子遭丈夫变心与虐待,"言既遂矣,至于暴矣"。她开始回忆"总角之宴,言笑晏晏",对比当下,意识到自身付出未得回报,并非自己的错。这种反思深化了她对自我的认知,不再被动接受命运,而是开始主动思考和评估自己的处境。

觉醒反抗意识:面对不幸,她没有默默忍受。"女也不爽,士贰其行。士也罔极,二三其德",她谴责丈夫的过错。"反是不思,亦已焉哉!"表明她果断决定离开,不再受传统观念束缚,勇敢为尊严和幸福做出选择。

女性独立意识的局限与进步:当时宗法制度与男尊女卑观念盛行,女性经济依赖男性。离婚后,她可能遭家人责备、社会歧视,重新生活也困难重重。社会现实让她的反抗在强大压力下受到限制。但她的经历和反抗意义重大。她在婚姻中的自主、反思与反抗,体现了女性自我意识觉醒的重要一步。这如同黑暗中的光,提醒女性重视自身权益,不盲从,勇于面对婚姻问题。这种觉醒推动了女性独立意识的发展。

2. 第5册1单元《离骚(节选)》

经典诗歌的阅读已经非常透彻,可以从矛盾对立中找出矛盾统一的认知。

继承：屈原在《离骚》中继承了《诗经》以来的诗歌传统。《诗经》中的比兴手法在《离骚》里得到了进一步的发展和丰富。例如，《诗经》中用"关关雎鸠，在河之洲"起兴，引出"窈窕淑女，君子好逑"，而《离骚》则将比兴手法贯穿全诗，用香草美人来比喻君子的美好品德和政治理想。像"朝搴阰之木兰兮，夕揽洲之宿莽"，木兰、宿莽象征着诗人自身的坚贞品德，这种比兴手法的运用使诗歌的意境更加深远，也继承了中国古代诗歌含蓄蕴藉的文化传统。

创新：在诗歌形式上，《离骚》开创了一种新的诗歌体裁——骚体诗。它突破了《诗经》四言为主的形式，句式更加灵活多变。骚体诗采用了"兮"字作为语气助词，增强了诗歌的节奏感和抒情性。例如，"长太息以掩涕兮，哀民生之多艰"，"兮"字的运用使得诗句在诵读时更加舒缓深沉，能够更好地表达诗人复杂的情感。这种创新为后世的诗歌创作提供了新的范例，影响了汉赋等文学体裁的发展。

文化价值观：屈原的爱国精神和对高洁品质的坚守，构成了中华民族传统文化价值观的核心。屈原在诗中表达的对国家的忠诚和对理想的执着追求，激励着后世无数仁人志士追随他的坚毅精神。在面对国家危亡和社会黑暗时，他们以屈原为榜样，坚守正义，不屈不挠。例如，南宋的文天祥在《正气歌》中展现的浩然正气，就与屈原的精神一脉相承，这种文化价值观的传承对于塑造民族精神起到了至关重要的作用。

3. 第5册1单元《孔雀东南飞并序》

《孔雀东南飞并序》是一部爱情与亲情没有达成平衡而酿成的情感悲剧。

爱情与亲情的冲突源于封建家长制，这是导致悲剧的根源。主要体现在：①家庭内部的挣扎；②被迫分离后的绝望，"黄泉下相见，勿违今日言"，这种极端的选择是他们无法平衡爱情和亲情的最终悲剧结局；③可就悲剧背后的社会文化进行反思。

4. 第5册1单元《蜀道难》

《蜀道难》融合了历史文化元素和山水描绘，这两个切入口共同展现了蜀地的独特风貌与诗人的情感。

神话传说（历史文化）：李白在《蜀道难》中融入了大量的神话传说，这是古代文化的重要体现。诗中提到"蚕丛及鱼凫，开国何茫然！尔来四万八千岁，不与秦塞通人烟"，蚕丛和鱼凫是古蜀的先王，诗人借此追溯蜀地的古老历史。这些神话传说增添了蜀道的神秘色彩，使读者感受到蜀地悠久的历史和独特的文化底蕴。

山水认知：山川险阻的描写有着深刻的文化内涵。诗中对蜀道山川险阻的描写不仅展现了自然环境的艰险，也蕴含着丰富的文化内涵。如"连峰去天不盈尺，枯松倒挂倚绝壁。飞湍瀑流争喧豗，砯崖转石万壑雷"等对险峻山势和湍急水流的描绘，一方面正面写出了蜀道自然环境的艰险，另一方面也暗示了古代行旅之人在穿越蜀道时所面临的巨大挑战。

在古代文化观念中，山川险阻往往与人生道路上的困难和阻碍相呼应。李白借着描写蜀道的艰难，也在抒发自己对仕途坎坷、人生不易的感慨。同时，这种描写也反映了古代人们对自然的敬畏之心，在面对如此雄伟险峻的自然景观时，人们意识到相比起大自然的巨大力量，个人的命运和能力相当渺小。

5. 第 5 册 1 单元《蜀相》

杜甫的这首诗是为诸葛亮而作，目的是借古谏今。

匡扶汉室的国家意识：诸葛亮秉持正统观念，将匡扶汉室作为国家意识核心。三国时期，汉室虽衰，但在人们心中仍具正统地位。《出师表》中"兴复汉室，还于旧都"，明确表达其志向。他认为，只有恢复汉室统治，才能结束战乱，重建和平稳定。他辅佐刘备建立蜀汉，将其作为复兴汉室的根据地，借蜀汉旗号吸引人才，从政治策略上体现了国家意识。

忠诚与担当：行动彰显忠诚。诸葛亮受刘备三顾茅庐之恩，自此与蜀汉政权紧密相连。刘备托孤后，他全力辅佐刘禅，"鞠躬尽瘁，死而后已"。他对君主的忠诚，不仅是服从，更体现在对国家事务的尽责。处理政务时，他公正无私，从国家利益出发制定政策、选拔人才。

对国家事务担当：军事上，诸葛亮多次北伐，虽困难重重，仍勇往直前。他精心谋划战略，展现卓越的军事才能与不顾安危的精神。经济上，他重视农业与水利,推行屯田政策,促进发展。同时,他注重与少数民族的关系,稳定边境,为国家的长治久安担当作为。

融合与凝聚:治理中的体现。蜀汉周边有众多少数民族,诸葛亮采取"攻心为上"的策略,七擒七纵孟获,促进民族融合。他鼓励少数民族参与经济建设与军事防御,让其融入国家,增强了国家凝聚力。诸葛亮重视人才,不拘一格地选拔和培养。姜维被他收降后,得到大力培养和重用。他还注重凝聚人心,宣传兴复汉室理念,推行仁政,减轻百姓负担,让百姓和官员对蜀汉政权产生认同感与归属感。

这首诗其实是杜甫的强国梦,求贤若渴思!

6. 第5册1单元《望海潮(东南形胜)》

从一座城看一个时期的文化。

城市风貌与经济繁荣:柳永笔下,杭州"烟柳画桥,风帘翠幕,参差十万人家",展现了建筑精巧、人口密集。"市列珠玑,户盈罗绮,竞豪奢",体现了商业的发达,商品琳琅满目,人们生活富庶,反映了北宋城市经济繁荣,手工业与商业的兴盛,财富的大量积累。

市民生活与文化娱乐:"羌管弄晴,菱歌泛夜,嬉嬉钓叟莲娃",柳永的诗还描绘了市民的生活。白天吹羌笛,夜晚唱菱歌,老少皆乐。北宋城市经济发展,市民阶层壮大,此词正是当时丰富市民文化的缩影,展现了人们对精神文化生活的追求。

自然风光与人文景观:柳永在《望海潮》中赞美江南风光,"重湖叠巘清嘉,有三秋桂子,十里荷花",这幅画卷绘出了西湖湖光山色与四季美景。同时,词中的建筑、民俗等细节也呈现了丰富的人文景观,两者交融成独特的江南地域文化,这种自然与人文的融合也通过柳永的词得以传承与传播,成为文化遗产的一部分。

文化传统与历史记忆:江南历史悠久,此词承载着其文化传统与历史记忆。它唤起人们对江南历史上文人墨客的赞美、经济文化繁荣的回忆。词中采菱唱歌等民俗及优美词句,是对江南民俗文化、诗词文化的继承与发展。

7. 第 5 册 1 单元《扬州慢（淮左名都）》

《黍离之悲》中的国家兴衰意识是如此真切！姜夔在《扬州慢》中用它做序,其用意一目了然。

缅怀昔日辉煌:《扬州慢》开篇以"淮左名都,竹西佳处"和"过春风十里",描绘了北宋时期扬州的昌盛景象。扬州曾是商业、文化繁荣的象征,姜夔借此怀念国家往昔的盛世,体现出他对国家昔日辉煌的深切缅怀,侧面反映其国家意识。

痛惜现实衰败:"尽荠麦青青"和"废池乔木,犹厌言兵"呈现了扬州如今的荒芜景象,这一切源于战争的破坏,背后是国家命运的衰落。姜夔目睹此景,内心满是黍离之悲,将扬州的兴衰与国家命运相连,深切表达了他对国家现实衰败的痛惜。

用典中的国家认同感和归属感:可以借杜牧诗句强化文化认同。词中多次化用杜牧描写扬州的诗句,如"杜郎俊赏,算而今重到须惊"。杜牧笔下的扬州是大唐盛世的代表,姜夔借此建立文化传承联系,从文化层面强化对国家文化的认同感,彰显国家意识。

借荒凉之景抒发爱国情:姜夔描绘"二十四桥仍在,波心荡,冷月无声"等荒凉之景,借景抒发黍离之悲。这不仅是对扬州的惋惜,更源于对国家命运的担忧,体现出他对国家领土完整、繁荣昌盛的深切渴望。

隐含对国家未来的期待:词中虽满是哀伤,但也隐含对国家未来的期待。姜夔回忆扬州昔日繁华,一定程度上是期望国家恢复昔日的昌盛。他记录扬州的兴衰,意在唤起人们对国家命运的关注,期待改变现状。

8. 第 5 册 2 单元《阿 Q 正传（节选）》

在《阿 Q 正传》中,阿 Q 的独立人格缺失与自欺欺人的行为交织在一起,形成了其人物性格的核心特征。

（1）阿 Q 的精神胜利法与对女性的偏见。

在《阿 Q 正传（节选）》中,阿 Q 的精神胜利法不仅体现了他独立人格的缺失,还和他对女性的偏见紧密相连。当阿 Q 被别人欺负后,他通过精神胜利法自我安慰,这种自我安慰中也包含着对女性的贬低。例如,他在遭受挫折后会想"和尚动得,我动不得?"将女性视为可以随意侵犯的对象,这种观念体现了他在精神上的懦弱和对女性的不尊重。他缺乏独立健全的人格，无法理解男女平等，而是在封建思想的影响下，以一种扭曲的心态看待女性，把女性当作自己发泄情绪和满足欲望的工具。

（2）传统观念下的盲目跟从与女性歧视。

阿 Q 深受封建传统观念的影响，他对女性的轻视也是这种观念盲目跟从的结果。他对"男女之大防"有着根深蒂固的看法，看到男女在一起说话就认为是不正当的关系。这种观念并不是他自己思考形成的，而是从封建礼教中不加甄别地接受而来。阿 Q 在思想上缺乏独立的判断力，只是机械地重复社会上对女性的偏见，这种对传统观念的盲目依附，既反映了他独立人格的缺失，也凸显了他对女性的歧视态度。

（3）社会环境对独立人格缺失和女性轻视的双重塑造。

封建等级制度与女性地位：阿 Q 所处的社会环境是一个封建等级森严的社会，女性在这个等级制度中处于更低的地位。在这种环境下，阿 Q 自己处于社会底层，遭受压迫，但他却将这种压迫转嫁给更弱势的女性群体。例如，在未庄的社会结构中，女性在家庭和社会事务中几乎没有话语权。阿 Q 作为一个被压迫者，没有反抗这种等级制度，反而在观念和行为上强化了女性的低等地位，这体现了他独立人格的缺失和对女性的轻视是由社会环境所塑造的。

群体意识与女性偏见的传播：在未庄这个群体环境中，群体意识对阿 Q 的独立人格缺失和对女性的轻视也起到了推动作用。村民们普遍存在封建迷信和对女性的偏见观念，这种氛围的耳濡目染下，阿 Q 更容易接受和再传播对女性的歧视。例如，当阿 Q 讲述自己和小尼姑的故事时，村民们的哄笑和附和，让他对女性的错误看法进一步巩固和定型。群体的麻木使得阿 Q 在这种环境中难以形成独立的人格，也难以摒弃对性别的错误偏见。

9. 第 5 册 2 单元《边城（节选）》

封闭山村里的亲情和爱情能否闯滩成功？

生活中的相互扶持：在《边城（节选）》中，翠翠和祖父之间的亲情是淳朴而深厚的。他们在湘西的渡口相依为命，祖父以撑渡船为生，翠翠则陪伴在祖父身边。在日常生活中，他们相互扶持。祖父细心地照顾翠翠的生活，从饮食起居到情感关怀，无微不至。而翠翠也会在祖父撑船时，帮忙做一些力所能及的事情，如收拾船只、招呼客人等。这种生活中的相互帮助和支持，是亲情温暖的最好体现，他们面对生活的考验时彼此依靠，在湘西的渡口编织着平凡而又珍贵的生活画卷。

情感上的彼此慰藉：除了生活上的相互扶持，祖孙俩在情感上也相互慰藉。翠翠是祖父唯一的亲人，祖父对翠翠的爱包含着对她未来的担忧和期望，希望翠翠能够幸福。祖父在和翠翠谈论起她的婚事时，总是小心翼翼，生怕伤害到翠翠的感情。而翠翠对祖父也是饱含依赖和敬爱之情。她会在祖父劳累时，给他捶背、讲一些小趣事，为祖父带来一些抚慰。这使他们的亲情更加牢固，在湘西的山水之间散发着温馨的光芒。翠翠短暂的与傩送的爱情，也是如此。

10. 第5册1单元《大堰河——我的保姆》

《大堰河——我的保姆》通过对比艾青的亲生父母和大堰河，突显了亲情力量。

地位差异与坚守：诗中对比了艾青的亲生父母和大堰河。亲生父母因家庭地位与他有一定的距离感，而身为保姆的大堰河，不顾阶层差别，倾尽全力疼爱艾青。这种在地位差异下的坚守，让大堰河的亲情显得格外伟大，像灯塔一样照亮了艾青的心灵。

物质反差与无价：从物质层面看，艾青的亲生父母家境优渥，而大堰河的生活却十分贫苦。但大堰河虽困苦，却用粗糙的双手为艾青营造了一个充满爱的精神世界。"在你搭好了灶火之后"等一连串描述，展现了她在贫苦生活中对艾青未减的亲情。这凸显出亲情的无价，不受物质条件的左右。

感恩之情与亲情升华：艾青在诗中对大堰河充满感恩之情。他回忆大堰河一生的艰辛，以及她对自己的关爱，用"我是吃了你的奶而长大了的你的儿子，我敬你爱你！"直白表达了自己的感恩。这不仅是情感的抒发，更是对大堰河亲情的高度认可。

11. 第5册2单元《再别康桥》

（1）新月派三美：音乐美、建筑美、绘画美。

自由的句式结构:《再别康桥》摆脱了旧体诗的格律束缚,呈现出自由灵活的句式。诗中长短句交错,如"轻轻的我走了,正如我轻轻的来",能依诗人情感起伏自由伸展,符合现代语言表达习惯,比旧体诗的固定句式更具变化性。

自然的韵律节奏:这首诗没有严格固定的平仄和押韵规则,韵律自然流畅。徐志摩通过巧妙安排音节与韵脚,营造出舒缓的音乐感。例如,"那河畔的金柳,是夕阳中的新娘;波光里的艳影,在我的心头荡漾",韵脚呼应使诗歌朗朗上口且不刻意,适应了现代情感表达的多样化需求。

(2)新诗语言的创新运用。

白话语言的诗意化:诗中大量运用白话,却富有诗意。例如,"软泥上的青荇,油油的在水底招摇",日常白话词汇经巧妙组合,不仅贴近读者的阅读习惯,也让更多人能理解和欣赏诗歌。

欧化语言的融合:受西方文化的影响,诗中融合了欧化的表达方式。例如"满载一船星辉,在星辉斑斓里放歌"这类长句和复杂的修饰成分,丰富了新体诗的语言,使其更具开放性与创新性。

(3)新诗情感表达的现代性。

个人情感的细腻抒发:这首诗侧重个人情感的细腻展现,诗人毫无保留地表达对康桥的留恋与复杂情感。列如,"但我不能放歌,悄悄是别离的笙箫",体现了与旧体诗不同的表达方式,更关注个体内心真实感受。

现代意识的体现:康桥在诗中象征自由、浪漫的精神家园,诗人对其的赞美和留恋,反映了现代社会对精神世界的重视,这种对自由、诗意等美好品质的追寻,是新体诗与时代精神的结合。

12. 第 5 册 2 单元《秦腔》

民俗所代表的传统文化,在今天与现代文明的碰撞不可避免。

传统艺术的衰落:在现代文明的冲击下,秦腔剧团解散、艺人流失、观众减少,这些现象呈现了传统艺术的困境。

现代文化的渗透:电视、流行音乐进入清风街,年轻人追求现代文化,与老人坚守秦腔形成鲜明对比,凸显了价值观与文化观念的变化。

文化传承的思考:夏天智等人物努力保护秦腔,引发了人们对传统文化传承的思考,体现了传承的重要性与紧迫性。

13. 第5册1单元《茶馆（节选）》

《茶馆》第一幕展现出一幅清朝末年经济没落、政治严酷的画卷。

（1）经济没落的多维度呈现。

传统商业的困境：在《茶馆》第一幕中，清朝末年的传统商业展现出明显的没落态势。以裕泰茶馆为例，虽然它还在勉强维持经营，但已经面临诸多困难。茶馆的设施陈旧，掌柜王利发不得不精打细算，努力维持收支平衡。同时，周围的传统店铺也受到了冲击。例如，一些手工艺品店因为洋货的大量涌入，失去了市场竞争力，生意越来越惨淡。传统商业的经营模式和产品在新的经济形势下显得力不从心。

百姓生活极端困苦：经济的没落直接导致了百姓生活的困苦。在《茶馆》中，我们可以看到普通百姓的生活状况。许多人连喝茶的钱都要算计，他们穿着破旧的衣服，为了生计而奔波。像常四爷这样的人物，虽然有一定的正义感，但也对生活的艰辛感到无奈。底层百姓不仅要承受沉重的经济压力，还要面对各种苛捐杂税，生活的重担让他们喘不过气来。而且，经济的不景气使得失业人数增加，社会不稳定因素也随之增多。

洋货冲击与经济失衡：洋货的大量涌入是清朝末年经济没落的一个重要因素。从人物的对话中可以了解到，洋货充斥着市场，从日常用品到奢侈品，应有尽有。这些洋货凭借新颖的款式、相对较低的价格等优势，迅速占领了市场。而中国传统的手工业和商业在洋货的冲击下，逐渐失去了优势。这种经济失衡的现象，使得国内经济结构遭到破坏，传统经济模式难以维系，进一步加剧了经济的没落。

（2）政治严酷更加民不聊生。

言论控制：清朝末年的政治环境十分严酷，在裕泰茶馆中，"莫谈国事"的纸条格外醒目。这不仅是茶馆的规矩，更是当时政治环境的真实写照。民众被剥夺了谈论国家事务的权利，这反映出政府对舆论的严格管控。一旦有人违反这个规定，就可能会引来麻烦。这种言论控制使得民众的思想受到禁锢，社会的民主氛围被严重压抑。

特务统治：宋恩子和吴祥子这两个特务在茶馆中监视着人们的一举一动。他们的存在让茶馆里的人都感到恐惧。这些特务利用职权，随意抓人、敲诈勒索。他们的行为代表了当时政府通过特务机构来维护统治的手段，这使得社会充满了恐怖的氛围，人们生活在一种不安和压抑的环境中。这种特务统治形同明末的东厂西厂成为清朝末年政治严酷的象征。

司法黑暗：在当时的社会环境下，司法并不是公正的代表，而是权力的工具。有钱有势的人可以通过贿赂等手段来操纵司法，使自己逃脱法律的制裁。而普通百姓则往往成为司法不公的受害者。这种司法黑暗加剧了社会的不公平，也让民众对政府和法律失去了信心。

老舍先生是伟大的、勇敢的实录者！

14. 第5册3单元《陈情表》

表孝里义。

幼年经历凸显祖孙情深：在《陈情表》中，李密开篇就讲述自己幼年的不幸遭遇："臣以险衅，夙遭闵凶。生孩六月，慈父见背；行年四岁，舅夺母志。"在这种幼年失怙失恃的情况下，是祖母刘氏将他抚养长大。这种坎坷的经历使得他和祖母之间的感情格外深厚。祖母是他在世上最亲近的人，是他童年时期的依靠和温暖源泉。

相依为命展现责任担当：李密描绘了他和祖母相依为命的生活场景："臣无祖母，无以至今日；祖母无臣，无以终余年。"这两句简洁而有力地展现出他们之间相互依存的关系。祖母年事已高，身体多病，李密深知自己是祖母生活下去的支柱。他在祖母的养育下长大成人，如今照顾祖母成为他义不容辞的责任，这种责任不仅仅是基于亲情，更是对祖母多年养育之恩的回报。

15. 第5册3单元《项脊轩志》

《项脊轩志》是明代文学家归有光所作的一篇回忆性记事散文。在这篇散文中，归有光通过对自己家中书斋项脊轩的描述，表达了对祖母、母亲和妻子的思念之情。

（1）祖母：厚望与慈爱的化身。

殷切期许：归有光回忆，祖母曾问："吾儿，久不见若影，何竟日默默在此，大类女郎也？"寥寥数语，饱含对他成就一番事业的期待，满是长辈对晚辈前途的深切关怀。

慈爱瞬间：祖母离开时"以手阖门"，自语："吾家读书久不效，儿之成，则可待乎！"关门动作轻柔，喃喃自语间，对作者的疼爱与期望尽显，让作者眷恋至今。

（2）母亲：模糊记忆中的深情。

珍贵残忆：作者对母亲的记忆有些模糊，但仅一句"先妣抚之甚厚"，便道出了母亲的慈爱。由于母亲早逝，其形象多借老妪的讲述拼凑，这份间接记忆更显珍贵。

回忆寄情：老妪说"某所，而母立于兹"，母亲曾站之处，成作者思念寄托。在项脊轩这小空间，他似能捕捉到母亲身影与声音，思念之情愈发浓烈。

（3）妻子：深情难再，往昔温馨与今昔怅惘。

温馨日常：作者忆起妻子"时至轩中，从余问古事，或凭几学书"的场景。在轩内，夫妻二人一问一答、伏案习字，亲密又温馨，美好时光深深刻在作者心底。

物是人非："庭有枇杷树，吾妻死之年所手植也，今已亭亭如盖矣。"妻子亲手栽种的枇杷树已枝繁叶茂，可她却不在了。树成了时光变迁的见证，作者睹物思人，伤感与怀念交织。

16. 第 5 册 3 单元《兰亭集序》

两晋时代，神州板荡，百姓流离失所，填于沟壑。衣冠南渡，在乱世中求得片刻安宁。但对于未来，谁也不知道明天和意外哪个先到。在这种环境下，一群知识分子聚会书文成集，难能可贵。

（1）生命的珍视与感慨。

盛会中的生命体悟：东晋永和九年，王羲之与众多文人雅士会于兰亭。"天朗气清，惠风和畅"，众人"流觞曲水，列坐其次"，尽享欢乐。可眼前美好让王羲之深知生命短暂，这般聚会难再，凸显了他对生命的珍视。

时光流逝的喟叹：文中提到，人们处世方式有别，或静或躁，但都躲不过时间消磨。"欣于所遇"时不知衰老将至，"情随事迁"后便感慨丛生，满是对时光匆匆、生命有限的喟叹，是魏晋人对生命的深度思考。

（2）对生死的直面与超脱。

生死观的转变：魏晋动荡，死亡如影随形。《兰亭集序》中："修短随化，终期于尽！古人云：'死生亦大矣。'岂不痛哉！"直面生命有尽头，否定盲目求长生，正视死亡的必然性。

精神超越的追求：王羲之否定庄子将生死、寿夭等同的观点，同时通过兰亭雅集的赋诗，实现了精神传承。他以文字记录情感与思考，试图突破生命的局限，体现魏晋人追求精神不朽的生命观。

（3）自然与生命的交融。

自然环境对生命的启迪：兰亭以其"有崇山峻岭，茂林修竹，又有清流激湍，映带左右"的绝美环境让文人感受到自然生机，联想到生命荣枯、四季更迭，意识到生命的规律，促使他们尊重生命的自然发展。

在自然中寻求生命慰藉：面对生命无常，魏晋文人在山水间寻得心灵宁静。兰亭雅集上，众人远离喧嚣，在自然中获取力量，应对烦恼和无奈。这体现出自然与生命的相互交融，人们在自然中领悟生命的真谛，获得精神上的滋养。

《兰亭集序》作为一部探讨生命本质的经典作品，是值得一辈子阅读的灵魂之作！

17. 第5册3单元《归去来兮辞并序》

《归去来兮辞并序》是陶渊明人生抉择的深刻映照。他的出仕受挫，根源在于他出身于没落的士族，以及东晋政治黑暗、门阀森严。在这种环境下，他的政治理想难以实现，归隐也是壮志未酬之后不得已的选择。

（1）厌弃官场，回归本真。

官场反思：序文中，陶渊明直言"质性自然，非矫厉所得；饥冻虽切，违己交病"，这表明他本性向往自然，官场束缚让他身心俱疲。这种"心为形役"的懊悔，是他决心归隐的思想根基。

回归迫切：开篇的"归去来兮，田园将芜胡不归？"的呐喊，尽显他对田园的急切渴望。在他心中，田园是自由本真所在，是他可以远离官场争斗、找回真实自我的地方。

（2）田园生活，悠然自得。

田园美景："方宅十余亩……鸡鸣桑树颠"，描绘出质朴宁静的田园风光。几亩地、几间屋，房前屋后树木，远处村庄炊烟，狗吠鸡鸣，构成了一幅充满生活气息的乡村画卷,是他内心宁静的寄托。

日常劳作:"农人告余以春及……泉涓涓而始流",展现了他积极参与农事,享受春耕忙碌。劳作中,自然的美好变化,树木生长、泉水流淌,让他热爱这与自然相连的生活。

(3)顺应自然,乐天安命。

顺应态度:"寓形宇内复几时……帝乡不可期",陶渊明深知人生短暂,选择顺应自然,不刻意求名利、幻想长生,他主张按内心与自然规律生活。

安命豁达:"聊乘化以归尽,乐夫天命复奚疑!"这句话尽显其乐天安命的豁达。他平和地接受生命的终结,在田园生活中寻得内心的满足,超脱了世俗的烦恼。

这体现的是一种亲近自然,诗意栖居的归隐生活和隐士思想。

18. 第5册4单元《自然选择的证明》

《自然选择的证明》体现了唯物辩证法的基本原理,尤其体现在生物与环境、物种间相互关系的阐述中。

(1)联系的观点。

生物与环境的紧密联系:达尔文在文中阐述了生物与环境关联紧密。生物特性受环境塑造,如沙漠植物为适应干旱,进化出深根、厚角质层。不同区域的同种生物,因气候、食物差异也会发生适应性变化。

物种间的相互关联:文中揭示了物种之间的相互影响。捕食者与猎物协同进化,一方改变会引发另一方变化。自然界就像一个有机网络,物种通过食物链、共生关系等方式相互作用。

(2)发展的观点。

生物进化是一个长期的过程:自然选择是渐进持续的。生物从简单到复杂的进化历经漫长时间。例如,从单细胞到多细胞生物的演化,是无数微小变化积累的结果,体现了量变到质变的过程。

新物种的产生与旧物种的消亡:环境变化推动生物进化,新物种不断产生,而旧物种因无法适应而灭绝。例如,恐龙的灭绝为哺乳动物的兴起创造了条件,这是生物界的新陈代谢。

（3）矛盾的观点。

生物个体之间的生存斗争：自然选择的核心是生存斗争。生物个体为争夺资源而竞争，如森林中树木争夺阳光、水分。这种竞争促使生物不断进化，适者生存。

生物与环境的矛盾统一：环境变化给生物带来生存压力，生物为了生存而不断适应环境。例如，气候变冷时，动物进化出厚皮毛从而保暖。这一过程体现了两者既对立又统一的关系。

19. 第 5 册 4 单元《天文学上的旷世之争》

（1）实践检验标准在天文学旷世之争中的体现。

历法与农业生产的实践关联：古代天文学与历法紧密相连，而历法的实际用途在于指导农业生产。例如，中国古代的二十四节气，就是根据天文观测总结出来的。通过观察太阳在黄道上的位置变化，人们划分出不同的节气，如春分、秋分标志着昼夜平分，夏至、冬至则体现了太阳直射点在南北回归线的位置变化。这些节气的准确性直接关系到农业生产活动，农民依据节气来安排播种、收割等农事。如果天文学理论所构建的历法无法正确反映季节变化和农时规律，那么农业生产就会受到严重影响。这体现了天文学理论必须接受农业生产实践的检验。

天文观测技术的实践推动：天文学上的争论也促进了天文观测技术不断进步，而观测技术本身就是一种实践手段。为了更准确地观测天体位置、运动轨迹等，古代天文学家发明了各种观测仪器，如中国古代可以用于测量天体赤道坐标的浑仪。通过对这些仪器不断地改进，并应用它们进行观测，天文学家能够获取更精确的数据。这些数据被用于验证不同的天文学理论，其中只有成功经过观测实践检验，能够准确预测天文现象的理论，才能在众说纷纭中站稳脚跟。这表明天文观测实践是检验天文学理论的重要标准。

（2）天文学旷世之争对历法准确性的追求。

不同天文学说对历法的影响：在天文学的旷世之争中，不同的学说都曾尝试构建更准确的历法。例如，地心说和日心说对于太阳、月亮和行星运动的解释均不同，这些差异都会直接影响到历法的计算。地心说顾名思义以地球为中心构建宇宙模型,在计算天体位置和运动周期时相对复杂,并且随着观测精度的提高,误差逐渐显现出来。相比之下,日心说则提供了一种相对简洁的模型,在一定程度上对天体位置的预测更准确,从而为历法的改进提供了新的思路。这种对历法准确性的追求,促使天文学理论在争论中不断接受实践的检验。

历法改革背后的天文学争论:历史上,许多历法改革背后都有天文学争论的影子。以格里高利历(公历)为例,它的改革是为了解决儒略历在计算太阳年长度上的误差。这一改革过程涉及到对地球公转周期等天文知识的更精确理解。天文学家们通过不断地观测和研究,重新评估了太阳年的长度,从而对历法进行了调整。这种历法改革的实践过程,反映了天文学争论中不同理论对历法准确性的影响,也说明了天文学理论必须通过历法在农业生产等实践活动中的应用来验证其正确性。

三、部编版教材资源的主题式单元再构

部编版语文教材中,各单元的编排划分采用了不同的角度,主要分为主题和文体两大类。例如,普通高中教科书语文必修上册 1 单元的主题是"青春的价值",而普通高中教科书语文必修下册 1 单元则是"古文经典"。这种划分有其现实意义,因为古文和现代文的学习所需掌握的知识点有很大的不同。但这个划分也给教学后面更深远的教育提出了挑战,因为德育所需的主题被分散在不同单元中,难以在集中的时段达成足够的信息量,从而对德育效果产生了较大的影响。因此,对现有教材的课程单元组合进行适当调整,不仅是必要的,也值得深入探讨。表 2-1 是对课文相关德育主题的梳理。

通过对 5 本教材 33 个单元 150 篇课文的系统分析,笔者总结出符合"小"德育目标体系的 140 篇课文,共涉及德育目标 203 次。

从图 2-1 可以看出,涉及历史文化的课文数量较多,而涉及财富和法律的课文数量相对较少。因此,在整合德育主题单元时,应重点考虑财富和法律相关课文的整合;而历史文化主题因素材丰富,则无需过多调整。

表 2-1 部编语文教材德育目标交叉索引

册	单元	标题	政治认同		文化自信	公民人格					
			爱党	爱国	文化自信	健康与生命	财富观	人类情感	遵纪守法	人格品质	人生目标
第1册	1单元 青春的价值	沁园春·长沙		爱国主义	历史文化						理想与追求
第1册	1单元 青春的价值	立在地球边上放号									
第1册	1单元 青春的价值	红烛									
第1册	1单元 青春的价值	峨日朵雪峰之侧									
第1册	1单元 青春的价值	致云雀	革命传统								理想与追求
第1册	1单元 青春的价值	百合花				生命观					
第1册	1单元 青春的价值	哦,香雪					勤劳致富				
第1册	2单元 劳动精神	喜看稻菽千重浪——记首届国家最高科技奖获得者袁隆平								爱岗敬业	

续表

册	单元	标题	政治认同		文化自信	健康与生命	财富观	公民人格			
			爱党	爱国				人类情感	遵纪守法	人格品质	人生目标
第1册	2单元 劳动精神	心有一团火，温暖众人心								爱岗敬业	
第1册	2单元 劳动精神	"探界者"钟扬				生命观				爱岗敬业	
第1册	2单元 劳动精神	以工匠精神雕琢时代品质								爱岗敬业	
第1册	2单元 劳动精神	芣苢			历史文化						
第1册	2单元 劳动精神	插秧歌			历史文化						
第1册	3单元 古诗词的意境	短歌行			历史文化	生命观					理想与追求
第1册	3单元 古诗词的意境	归园田居（其一）			历史文化						理想与追求
第1册	3单元 古诗词的意境	梦游天姥吟留别			历史文化						
第1册	3单元 古诗词的意境	登高		爱国主义	历史文化						

续表

册	单元	标题	政治认同		文化自信	公民人格					
---	---	---	爱党	爱国		健康与生命	财富观	人类情感	遵纪守法	人格品质	人生目标
第1册	3单元 古诗词的意境	琵琶行并序			历史文化	心理健康					
第1册	3单元 古诗词的意境	念奴娇·赤壁怀古			历史文化						理想与追求
第1册	3单元 古诗词的意境	永遇乐·京口北固亭怀古		爱国主义	历史文化						
第1册	3单元 古诗词的意境	声声慢·寻寻觅觅		爱国主义	历史文化						
第1册	4单元 家乡文化生活	记录家乡的人和物		爱国主义							
第1册	4单元 家乡文化生活	家乡文化生活现状调查		爱国主义							
第1册	4单元 家乡文化生活	参与家乡文化建设		爱国主义							
第1册	5单元 整本书阅读	乡土中国			历史文化						
第1册	6单元 学习之道	劝学			历史文化					终身学习	

续表

册	单元	标题	政治认同		文化自信	公民人格					
			爱党	爱国		健康与生命	财富观	人类情感	遵纪守法	人格品质	人生目标
第1册	6单元 学习之道	师说			历史文化					终身学习	
第1册	6单元 学习之道	反对党八股(节选)	理论创新								
第1册	6单元 学习之道	拿来主义	理论创新		历史文化						
第1册	6单元 学习之道	读书:目的和前提								终身学习	
第1册	6单元 学习之道	上图书馆								终身学习	
第1册	7单元 写景抒情散文	故都的秋			历史文化						
第1册	7单元 写景抒情散文	荷塘月色				心理健康					
第1册	7单元 写景抒情散文	我与地坛(节选)				心理健康		亲情		自强不息	
第1册	7单元 写景抒情散文	赤壁赋			历史文化	生命观					理想与追求

续表

册	单元	标题	政治认同		文化自信	公民人格							
			爱党	爱国		健康与生命	财富观	人类情感	遵纪守法	人格品质	人生目标		
第1册	7单元 写景 抒情 散文	登泰山记			历史文化								
第1册	8单元 词语 积累与词语解 释	丰富词语积累											
第1册	8单元 词语 积累与词语解 释	把握古今词义 的联系与区别											
第1册	8单元 词语 积累与词语解 释	词义的辨析和 词语的使用											
第1册	古诗词诵读	静女			历史文化			爱情					
第1册	古诗词诵读	涉江采芙蓉			历史文化			爱情					
第1册	古诗词诵读	虞美人（春花 秋月何时了）			历史文化			同情					
第1册	古诗词诵读	鹊桥仙（纤云 弄巧）			历史文化			爱情					

续表

册	单元	标题	政治认同		文化自信	健康与生命	公民人格				
			爱党	爱国			财富观	人类情感	遵纪守法	人格品质	人生目标
第2册	1单元 古文经典	子路、曾皙、冉有、公西华侍坐			历史文化						
第2册	1单元 古文经典	齐桓晋文之事			历史文化						
第2册	1单元 古文经典	庖丁解牛			历史文化	心理健康					
第2册	1单元 古文经典	烛之武退秦师		爱国主义							
第2册	1单元 古文经典	鸿门宴			历史文化						
第2册	2单元 戏剧经典	窦娥冤（节选）							公平正义		
第2册	2单元 戏剧经典	雷雨（节选）						爱情 亲情			
第2册	2单元 戏剧经典	哈姆雷特（节选）						爱情 亲情 友情			

续表

册	单元	标题	政治认同		文化自信	公民人格					
			爱党	爱国		健康与生命	财富观	人类情感	遵纪守法	人格品质	人生目标
第2册	3单元 科技	青蒿素:人类征服疾病的一小步								爱岗敬业	
第2册	3单元 科技	一名物理学家的教育历程								终身学习	
第2册	3单元 科技	中国建筑的特征			历史文化						
第2册	3单元 科技	说"木叶"			历史文化						
第2册	4单元 信息时代	信息时代									
第2册	5单元 演讲和书信	在《人民报》创刊纪念会上的演说	马克思主义								
第2册	5单元 演讲和书信	在马克思墓前的讲话						友情			
第2册	5单元 演讲和书信	谏逐客书			历史文化						
第2册	5单元 演讲和书信	与妻书	革命传统			生命观		爱情			

续表

册	单元	标题	政治认同		文化自信	公民人格					
---	---	---	爱党	爱国		健康与生命	财富观	人类情感	遵纪守法	人格品质	人生目标
第2册	6单元 古典文学	祝福								独立人格	
第2册	6单元 古典文学	林教头风雪山神庙							法治观念		
第2册	6单元 古典文学	装在套子里的人				心理健康					
第2册	6单元 古典文学	促织						同情			
第2册	6单元 古典文学	变形记				心理健康					
第2册	7单元 红楼梦	红楼梦						爱情		独立人格	
第2册	8单元 古代政论	谏太宗十思疏			历史文化					终身学习	
第2册	8单元 古代政论	答司马谏议书			历史文化						
第2册	8单元 古代政论	阿房宫赋			历史文化		惜财节用				

续表

册	单元	标题	政治认同		文化自信	公民人格					
			爱党	爱国		健康与生命	财富观	人类情感	遵纪守法	人格品质	人生目标
第2册	8单元 古代政论	六国论		爱国主义	历史文化						
第2册	古诗词诵读	登岳阳楼		爱国主义	历史文化						
第2册	古诗词诵读	桂枝香·金陵怀古			历史文化						
第2册	古诗词诵读	念奴娇·过洞庭			历史文化						
第2册	古诗词诵读	游园【皂罗袍】			历史文化	生命观					
第3册	1单元 党的领导	中国人民站起来了	革命传统	爱国主义							
第3册	1单元 党的领导	长征胜利万岁	革命传统								
第3册	1单元 党的领导	大战中的插曲	革命传统					同情			
第3册	1单元 党的领导	别了，"不列颠尼亚"	现实表现	爱国主义							
第3册	1单元 党的领导	县委书记的榜样——焦裕禄	现实表现							爱岗敬业	

续表

册	单元	标题	政治认同		文化自信	公民人格					
			爱党	爱国		健康与生命	财富观	人类情感	遵纪守法	人格品质	人生目标
第3册	1单元 党的领导	在民族复兴的历史丰碑上	现实表现								
第3册	2单元 古文经典	《论语》十二章			历史文化						
第3册	2单元 古文经典	大学之道			历史文化						
第3册	2单元 古文经典	人皆有不忍人之心			历史文化			同情			
第3册	2单元 古文经典	《老子》四章			历史文化						
第3册	2单元 古文经典	五石之瓠			历史文化						
第3册	2单元 古文经典	兼爱			历史文化						
第3册	3单元 外国文学	大卫·科波菲尔(节选)					慎财节用				
第3册	3单元 外国文学	复活(节选)						爱情			

续表

册	单元	标题	政治认同		文化自信	健康与生命	财富观	公民人格			
---	---	---	爱党	爱国				人类情感	遵纪守法	人格品质	人生目标
第3册	3单元 外国文学	老人与海（节选）								自强不息	
第3册	3单元 外国文学	百年孤独（节选）									
第3册	4单元 逻辑	发现潜藏的逻辑谬误									
第3册	4单元 逻辑	运用有效的推理形式									
第3册	4单元 逻辑	采用合理的论证方法									
第3册	古诗词诵读	无衣			历史文化			友情			
第3册	古诗词诵读	春江花月夜			历史文化	生命观					
第3册	古诗词诵读	将进酒			历史文化						理想与追求
第3册	古诗词诵读	江城子·乙卯正月二十日夜记梦			历史文化			爱情			

续表

册	单元	标题	政治认同		文化自信	健康与生命	财富观	公民人格			
			爱党	爱国				人类情感	遵纪守法	人格品质	人生目标
第4册	1单元 哲学	社会历史的决定性基础	马克思主义								
第4册	1单元 哲学	改造我们的学习	理论创新								
第4册	1单元 哲学	人的正确思想是从哪里来的?	理论创新								
第4册	1单元 哲学	实践是检验真理的唯一标准	理论创新								
第4册	1单元 哲学	修辞立其诚	马克思主义								
第4册	1单元 哲学	怜悯是人的天性						同情		诚实守信	
第4册	1单元 哲学	人应当坚持正义									
第4册	2单元 历程	记念刘和珍君	革命传统								理想与追求
第4册	2单元 历程	为了忘却的记念	革命传统								

续表

册	单元	标题	政治认同		文化自信	公民人格					
			爱党	爱国		健康与生命	财富观	人类情感	遵纪守法	人格品质	人生目标
第4册	2单元 革命历程	包身工	革命传统								
第4册	2单元 革命历程	荷花淀	革命传统								
第4册	2单元 革命历程	小二黑结婚（节选）	革命传统								
第4册	2单元 革命历程	党费	革命传统				慎财节用				
第4册	3单元 古文传记	屈原列传		爱国主义	历史文化						理想与追求
第4册	3单元 古文传记	苏武传		爱国主义	历史文化						
第4册	3单元 古文传记	过秦论			历史文化						
第4册	3单元 古文传记	五代史伶官传序			历史文化						
第4册	4单元 外国诗歌戏剧	玩偶之家（节选）				性别观				独立人格	

续表

册	单元	标题	政治认同		文化自信	健康与生命	公民人格				人生目标
			爱党	爱国			财富观	人类情感	遵纪守法	人格品质	
第4册	4单元 外国诗歌戏剧	迷娘（之一）						爱情			
第4册	4单元 外国诗歌戏剧	致大海								独立人格	
第4册	4单元 外国诗歌戏剧	自己之歌（节选）				生命观					
第4册	4单元 外国诗歌戏剧	树和天空									
第4册	古诗词诵读	燕歌行并序			历史文化			同情			
第4册	古诗词诵读	李凭箜篌引			历史文化						
第4册	古诗词诵读	锦瑟			历史文化			爱情			
第4册	古诗词诵读	书愤			历史文化						
第5册	1单元 古诗词	氓			历史文化	性别观				独立人格	
第5册	1单元 古诗词	离骚（节选）			历史文化						理想与追求

续表

册	单元	标题	政治认同		文化自信	公民人格					
			爱党	爱国		健康与生命	财富观	人类情感	遵纪守法	人格品质	人生目标
第5册	1单元 古诗词	孔雀东南飞并序			历史文化			爱情			
第5册	1单元 古诗词	蜀道难			历史文化						
第5册	1单元 古诗词	蜀相		爱国主义	历史文化						
第5册	1单元 古诗词	望海潮（东南形胜）			历史文化						
第5册	1单元 古诗词	扬州慢（淮左名都）		爱国主义	历史文化						
第5册	2单元 中国文学	阿Q正传（节选）								独立人格	
第5册	2单元 中国文学	边城（节选）						亲情			
第5册	2单元 中国文学	大堰河——我的保姆						亲情			
第5册	2单元 中国文学	再别康桥			历史文化						

续表

册	单元	标题	政治认同		文化自信	公民人格					
			爱党	爱国		健康与生命	财富观	人类情感	遵纪守法	人格品质	人生目标
第5册	2单元 中国文学	一个消逝了的山村				生命观					
第5册	2单元 中国文学	秦腔			历史文化						
第5册	2单元 中国文学	茶馆（节选）			历史文化						
第5册	3单元 古文经典	陈情表			历史文化			亲情			
第5册	3单元 古文经典	项脊轩志			历史文化			亲情			
第5册	3单元 古文经典	兰亭集序			历史文化						
第5册	3单元 古文经典	归去来兮辞并序			历史文化						理想与追求
第5册	3单元 古文经典	种树郭橐驼传			历史文化						理想与追求
第5册	3单元 古文经典	石钟山记			历史文化						

续表

| 册 | 单元 | 标题 | 政治认同 | | 文化自信 | 公民人格 | | | | | |
			爱党	爱国		健康与生命	财富观	人类情感	遵纪守法	人格品质	人生目标
第5册	4单元 科学	自然选择的证明	马克思主义								
第5册	4单元 科学	宇宙的边疆	马克思主义								
第5册	4单元 科学	天文学上的旷世之争	马克思主义								
第5册	古诗词诵读	拟行路难（其四）			历史文化						理想与追求
第5册	古诗词诵读	客至			历史文化						理想与追求
第5册	古诗词诵读	登快阁			历史文化						理想与追求
第5册	古诗词诵读	临安春雨初霁			历史文化						理想与追求

课文涉及相关德育目标情况

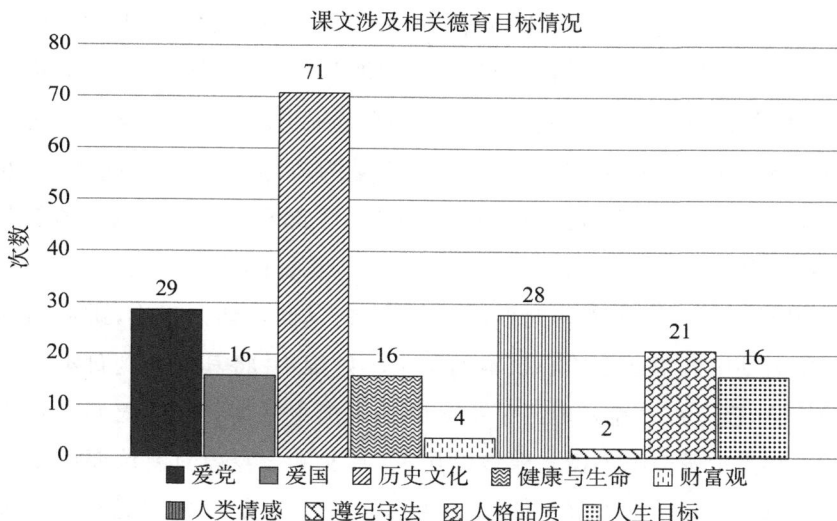

图2-1　各德育目标对应课文数量

四、部编版教材单元主题德育资源开发

以下根据德育目标体系,探究部编版高中语文教科书中与之相关的德育资源,深入挖掘其中蕴含的教育价值,并就部分课文单篇进行文本分析。

(一)革命传统主题单元资源

目标:增进学生对中国共产党革命历史的了解,促进学生热爱中国共产党的自然情感。

课文选择:《长征胜利万岁》《大战中的插曲》《百合花》《党费》《荷花淀》等。

活动设计:

组织学生观看爱国影视剧,如《厉害了,我的国》《那年那兔那些事儿》等。

组织学生参观历史博物馆等。

开展"我心中的祖国"主题征文比赛。

延伸阅读:推荐《谁是最可爱的人》《红岩》等。

分析:《长征胜利万岁》和《大战中的插曲》两篇课文都属于回忆录,纪实性比较强。它们同属于部编版选择性必修上册第一单元第2课，单元任务群主题是"中国革命传统作品研习"，文化主题是"伟大的复兴"。从单元视角观之，本单元的学习对象多是以写实为主的革命作品，在培养学生语文核心素养的同时进行革命传统教育，旨在树立爱国情怀。《长征胜利万岁》重点记述了红军胜利到达陕北时镇伏击战和全军干部会议这两个重要的节点事件，字里行间满溢着长征胜利的喜悦，彰显了长征的伟大意义。《大战中的插曲》则记述的是重大战争时期的一件小事，其回忆切口很小，讲述的是抗日战争时期中国指挥官关心日本的两个小姑娘，并将其送回到日本军人手中的故事，极有张力地表现出了革命中的人道主义情怀。两篇回忆录的写作初衷都是记录中国革命与建设的历程，其文本自身就具有浓厚的史料价值。而我们引领学生了解党的历史，更好的方式就是让他们能够生成对党的历史的具象化认知，而非仅仅停留在扁平化的信息获取上。回忆录作为一种特殊的文本载体，兼具真实性和艺术性，在提供具象化认知方面具备了得天独厚的优势。

再以《荷花淀》《小二黑结婚》《党费》为例，三篇小说同属于选择性必修中册第二单元第8课群文。这一单元的任务群主题同样是"中国革命传统作品研习"，其文化主题是"苦难与新生"。从单元学习的角度而言，应引导学生通过本单元了解人民群众逐步觉醒的过程，体会中华民族的新生，并理解革命志士的品质。《荷花淀》讲述了1945年以水生嫂为代表的农村妇女送夫参军，其自身也成长为战士的故事；《小二黑结婚》讲述了小二黑和小芹在中国共产党的领导下反抗封建势力，力争婚姻自由的故事；《党费》则讲述了1934年红军的一支部队领导群众坚持敌后斗争，反映了闽粤赣边区革命者们热爱党、热爱红军、艰苦奋斗的故事。小说这种文体虽然是虚构作品，但也需要学生去阅读和分析，学习它如何打破虚构与真实的界限（如环境、人物、情节的塑造），造就打动人心的艺术，并且在品味这种艺术张力的过程中更深刻地体会信仰的力量。在小说故事的情境之中，学生能够更好地理解党在奋斗历程上与社会、与国家、与个体之间的真挚关系；并且通过典型人物的分析，更能够体会到个人价值与党的事业的一致性，从而提升个体的责任意识。

（二）现实表现类主题单元资源

以部编版必修上册"家乡文化生活"单元为例,其任务群主题是"当代文化参与",文化主题是"我们的家园"。这个单元旨在让学生通过学习活动了解家乡,参与家乡文化建设,培养适应社会、服务社会的能力。这个单元在教科书中属于学习活动单元,看似没有文本资源,实则并非如此。部编版教材提供了三篇学习资源:毛泽东《调查的技术》、王思斌《访谈法》、钟敬文《节日与文化》。其中,第一篇学习资源直观体现了唯物主义认识论的原则,针对性地指出了"没有调查就没有发言权"的论断。这种深入探究的意识能够引导学生学会如何剖开表现,理解家乡文化、社会运作的本质机理。通过这些学习资源,学生可以更好地理解我国的根本和基本政治制度,并思考为什么要用现行制度来建设国家,这就需要学生具备分析社会现实和社会运行规律的能力。因此,以这个单元的学习资源为文本媒介和基础,可以设计一些学科德育相关的学习活动。

此外,必修上册紧随其后的第五单元是《乡土中国》的专题研习,这是一部深入研究中国乡村社会特点的学术著作。通过此书,学生能够深入了解我国乡土社会的特点和社会结构,理解其现代意义与历史局限性。作为语文学科学习,《乡土中国》的整本书阅读,需要学生能够掌握如何阅读学术著作,以及把握其核心概念、整体框架、知识体系等内容。而若是将这本书作为学习资源来看待,其内容价值则会远远超出学科学习的界限。基于对乡土中国的理解,引导学生更深入地思考中国社会的特性,也就能够更深入地认识到现行政治制度何以能够符合我国社会特点,何以能够成为社会运行的基本保障。当然,这需要学生深入地、真正地读懂《乡土中国》才能产生基本的效用。但由此观之,我们不可否认,高中语文教科书作为学科德育资源的范畴之深之广。

（三）马克思主义类主题单元资源

马克思主义的世界观与方法论在中学科目安排中已有专门的课程学习,但语文教材中仍然安排了多篇相关课文,说明这方面的教育非常重要。在部编版高中语文教材中,必修上册第六单元的《反对党八股》、必修下册第五单元的《在〈人民报〉创刊纪念会上的演说》《在马克思墓前的讲话》，以及选择性必修中册第一单元的《社会历史的决定性基础》《改造我们的学习》《人的正确思想是从哪里来的？》和《实践是检验真理的唯一标准》，均可作为该类德育目标的教学资源。

以选择性必修中册第一单元的《社会历史的决定性基础》《改造我们的学习》《人的正确思想是从哪里来的？》和《实践是检验真理的唯一标准》四篇课文为例，这一单元的任务群主题是"科学与文化论著研习"。通过学习这些文章，学生可以了解论著的观点及其形成的历史背景，理性分析社会现象，深化对社会的认识，提升理性思维水平。文化主题是"理论的价值"，旨在引导学生阅读相关篇章，认识理论著作的价值，培养思维的深刻性和逻辑性，探究伟人对革命文化的理性思考，并增强理论自信。这一单元共有七篇文章，可将前四篇课文作为一个版块。《社会历史的决定性基础》的作者是马克思主义创始人之一恩格斯，论述了经济因素与历史发展、上层建筑的关系。这篇文章是一封写给学生的回信，在文字表达上具有问题针对性，也适合学生阅读；《改造我们的学习》写于抗日战争时期，《人的正确思想是从哪里来的？》写于社会主义建设时期，两篇文章都是指导当时中国共产党如何展开工作的论述性文章，在实际情境中体现了马克思主义中国化的思想力量。《实践是检验真理的唯一标准》发表于 20 世纪 70 年代末的《光明日报》，深刻体现了马克思主义认识论的基本原理，并引发了全国关于真理标准问题的大讨论，是极具里程碑意义的文章。

一以概之，四篇课文包含了马克思主义理论的确立时期、马克思主义中国化过程中的抗战时期和社会主义建设时期等重要阶段，可见四篇课文非常适合作为理解"科学理论"的教学资源，有助于引导学生在学科阅读中系统地了解马克思主义的基本观点，深入了解人类社会发展的规律，理解理论的价值与理论创新的历史背景，能够从理性思考的角度引导学生理解马克思主义的世界观、方法论和理论创新。

第三章

以单元为视角的高中语文德育教学策略

一、理念支撑：融合式教学理念

高中语文学科德育教学的融合式教学理念，强调将德育内容自然且深入地融入语文教学的各个环节，使学生在学习语文知识、提升语文能力的同时，潜移默化地受到德育的熏陶。这种融合主要体现在以下几个方面。

文道统一：语文教材课文中蕴含着丰富的思想内涵和人文精神。在融合式教学理念下，授课教师应深入挖掘教材内容，有机统一语文工具形式和人文思想。以《沁园春·长沙》这篇课文为例，诗词的语言艺术、表现手法教师当然要讲，毛泽东青年时期以天下为己任的革命情怀和远大抱负更要大书特书，通过这种方式，学生可以在学习语文知识的同时感受到强烈的内心使命感和责任感，从而达成教学目标。

场景创设：通过创设生动的教学场景，让学生在具体场景中感受德育元素。在学习《雷雨》时，可以组织学生进行角色扮演和戏剧表演，让他们深入体会剧中人物的性格特点和情感冲突，引导学生思考爱情、亲情、家庭责任、社会责任等问题，使学生在场景体验中形成正面的价值观。

活动渗透：开展多样化的语文活动，将德育融入其中。例如，组织"传承经典文化"主题演讲比赛，学生在准备过程中，需深入研究经典文化作品，挖掘其中的道德价值和精神内涵。这种活动不仅能锻炼学生的语言表达能力，还能增强他们对中华优秀传统文化的认同感和自豪感，培养文化自信。

写作引导：在写作教学中，引导学生关注生活中的德育素材，将自己的道德思考融入作文中。例如,布置以"诚信"为话题的作文时,鼓励学生结合社会现象和自身经历,阐述对诚信的理解。在写作过程中深化对诚信这一道德品质的认识。

评价融合:在教学评价中,不仅要关注学生的语文知识掌握和能力水平,还要将德育表现纳入评价范畴。对学生在课堂讨论、小组合作中的品德表现,如是否尊重他人、有无团队合作精神等进行评价,引导学生重视自身道德修养的提升。

二、教学原则

(一) 渗透性原则

在高中语文学科德育教学中,渗透性原则强调德育应犹如春雨一样,要"润物细无声"。这种原则要求教师要将德育内容巧妙、自然地渗透到语文知识教学、能力培养以及课堂教学的各个环节中,使学生在学习语文的过程中,不知不觉地受到德育的熏陶和感染,从而实现语文教学与德育的有机统一,而不是生硬地将德育与语文教学割裂开来或进行简单的道德说教。

"在语文学科德育中,'渗透'并不是对知识的简单教授,而是对相关知识的拓展与延伸,挖掘其中的内在意义与联系。当然,对文章的分析与鉴赏也离不开这种渗透。这种渗透是指向语文教学的终极目标'育人'的,是属于较高层次的渗透。它注重的是感染熏陶、潜移默化,是在语文教学中的一种有意识的、自然而然的渗透,需要教师具有德育意识,善于采用多种方式方法,在教材处理、教学过程安排与设计等方面多加注意,不露痕迹地、巧妙地在知识传授中融合德育,达到'润物细无声'的境界。"①

高中语文教材中的许多经典作品都蕴含着丰富的德育资源。教师在解读文本时,要深入挖掘其中的思想情感、道德观念等内容。例如,在讲解《劝学》时,不仅要让学生理解文章中关于学习的方法和意义,还要引导学生体会其中所传达的勤奋、坚持等品质对个人成长的重要性。通过分析文本中的人物形象,引导学生学习正面人物的优秀品质,并批判反面人物的不良

---

① 张丽. 高中语文学科德育的叙事研究[D]. 太原:陕西师范大学,2014:13.

行为。

在课堂教学过程中,渗透德育内容则对教师提出了较高的要求。学高为师,身正为范。教师的言行举止对学生具有潜移默化的影响。教师在课堂上要展现出积极向上的人生态度、严谨的治学精神和高尚的道德情操。比如,教师对待教学工作认真负责,对待学生平等尊重。教师要营造积极、和谐、民主的课堂氛围,以培养学生的合作精神、团队意识和相互尊重的优秀品质;在组织小组讨论时,鼓励学生相互交流、倾听他人意见,共同解决问题,让学生自然形成团队意识。

在作文写作环节,教师可以引导学生关注现实生活中的热点问题,通过评论写作来分析和形成道德观点。在布置作文时,可以选择一些具有明确道德导向性的主题,如"热爱生命""爱党爱国"等,让学生在写作过程中自然而然地深入思考道德问题,并通过认真仔细的作文批改,与学生隔空交流,帮助学生形成正确的价值观。在进行评论写作时,要求学生尊重对方,词句应文明、规范,以有效培养学生的道德修养和表达沟通能力。

学校通过举办主题活动,如校园艺术节、戏剧节等,让学生在校园活动中体验和传播优秀的道德理念。例如,组织以"爱国主义"为主题的校园戏剧节,通过剧中苏武、文天祥等爱国者的言行,特别是优秀诗词,激发学生的爱国情感和文化自信。

(二)感受性原则

高中语文学科德育,强调在教学过程中充分调动学生的情感体验和感知能力,让学生在语文学习中主动地感受、领悟德育内容,进而内化为自身的道德认知和情感;要以学生的情感体验和感知能力为基础,通过创设各种教学情境和运用多种教学方法,引导学生对语文教材及教学过程中所蕴含的德育因素进行积极主动的感受和体验,使学生在情感上产生共鸣,从而达到德育"润物细无声"的效果,提升学生的道德认知和情感素养。

高中语文教材中有许多饱含深情的作品,教师要善于引导学生走进文本,感受作者所表达的情感。例如,在教授《我与地坛》时,教师可引导学生体会文中母子之间深沉的爱,让学生回忆自己与父母相处的细节,从而引发学生对亲情的共鸣,使他们更加珍惜亲情,懂得感恩父母。

营造情感氛围:教师可以通过语言描述、音乐渲染、多媒体展示等手段,营造与教学内容相契合的情感氛围。在讲解古诗词时,播放悠扬的古典音乐,展示与诗词意境相关的图片,将学生带入特定的情境中,让他们更深刻地感受诗词中蕴含的情感和道德内涵,例如,在讲解《琵琶行》时,教师可以通过营造凄凉、哀怨的氛围,让学生感受作者与琵琶女之间的同病相怜,以及对社会现实的感慨。

角色代入体验:让学生通过角色扮演的方式,深入体验文本中人物的情感和处境。在学习《与妻书》时,让学生分别扮演林觉民的角色,亲身体验烈士的不舍与大爱,从而更深刻地理解爱情的珍贵以及封建专制社会的残酷,以培养学生正确的爱情观、生命观。

生活联想体验:引导学生将语文学习与生活实际相联系,通过联想生活中的场景和经历,增强对德育内容的感知。在学习描写自然景物的文章时,可以让学生联想自己在大自然中的所见所感,体会作者对自然的热爱和敬畏之情,进而培养学生的环保意识和对自然的尊重。

鼓励多元表达:每个学生对德育内容的感受和理解都可能不同,教师要鼓励学生积极表达自己的独特感受和见解。在课堂讨论中,对于学生关于作品中道德观念的不同看法,教师应给予尊重和引导,让学生在交流中碰撞出思想的火花,丰富对德育内容的理解。例如,在讨论《祝福》中祥林嫂的命运时,学生可能会从不同角度分析造成她悲剧的原因,教师要肯定学生的思考,引导学生全面、深入地理解封建礼教对妇女的迫害。

关注特殊需求:教师要关注学生的个体差异,对于那些在情感体验或道德认知上有特殊需求的学生,要给予更多的关心和指导。例如,对于一些性格内向、情感细腻的学生,教师可以在课后与他们单独交流,了解他们在学习过程中的感受和困惑,帮助他们更好地理解和接受德育内容。

(三) 共振性原则

在高中语文学科德育教学中,教师要通过各种教学手段和方法,使语文教学中的德育内容与学生的内心世界、社会现实以及语文课程的其他要素之间产生强烈的共鸣和协同效应,形成一种和谐、统一的教育场,让学生在潜移默化中接受德育熏陶,实现道德认知、情感和行为的同步发展。

教师需要深入了解学生的年龄特点、心理需求和兴趣爱好,找准德育内容与学生内心的契合点。例如,针对高中生对自我价值实现的追求,在讲解《蜀道难》等相关内容时,引导学生从李白的人生经历中感悟如何在困境中坚守自我、追求梦想、突破自我,让学生产生共鸣,从而激发他们积极进取的精神。教师还可以通过创设情境、情感渲染等方式,让学生在情感上与文本中的人物和事件产生共鸣。在学习《项脊轩志》时,教师通过深情讲述作者归有光对亲人的思念之情,引导学生回忆自己与亲人的相处点滴,使学生在情感上受到触动,从而培养学生珍惜亲情的意识。

语文教学中的德育内容具有相当的现实性,应与当下社会热点问题相结合,让学生认识到语文中的道德观念在现实生活中的意义和价值,从而实现德育内容与现实的共振。在讲解议论文写作时,以"甲流病毒"等社会热点为话题,引导学生运用语文知识进行分析和讨论,培养学生的社会责任感。语文是文化的重要载体,通过语文教学传承和弘扬优秀社会文化,使学生在学习中与社会文化产生共振。在学习古诗词时,让学生了解古诗词所蕴含的传统文化内涵,如儒家的家国情怀、道家的自然观等,增强学生对民族文化的认同感和自豪感,培养学生的文化自信。

德育与教学材料共振:深入挖掘课文中的德育资源,使德育与课文的语言、结构、主题等要素有机结合。在分析《祝福》时,不仅要让学生理解作品的语言特色和文学价值,还要引导学生体会作品中所蕴含的鲁迅对封建礼教的批判和对民族命运的关注,培养学生的自尊自强的独立人格。

德育与教学方法共振:选择恰当的教学方法和形式,来促进德育教学,使教学方法符合德育目标的需求。例如,通过小组讨论方式,让学生共同探讨文学作品中的道德问题,并在有限的时间内完成总结记录,培养学生的团队精神、沟通能力,同时完成德育目标。

德育与教学评价共振:调整教学评价体系,增加德育相关内容,以通过评价引导学生关注德育。

三、教学方式

（一）以讲授创设情境

以讲授创设情境，能让学生更深刻地理解德育内容，增强情感体验。

首先，可以借文本剖析，在讲授中构建情境。在讲解课文时，教师深入剖析文本，将文字转化为生动的情境描述。例如，在讲解《故都的秋》时，教师不仅要分析郁达夫对北平秋景的描写手法，还要以细腻的讲授，描绘出故都秋天"清、静、悲凉"的画面：清晨，人们在落满槐树花瓣的小院里，"泡一碗浓茶"，"细数着一丝一丝漏下来的日光"；秋蝉在残声里，为这寂静的秋增添一抹落寞。在这样的情境讲授中，引导学生体会作者对故都的眷恋，培养学生对传统文化、对家乡的热爱之情。

其次，可以结合背景，在讲授中还原情境。讲述作者生平与时代背景，能让学生置身于作品创作的原始情境。例如，在教授《记念刘和珍君》时，教师可以详细讲述"三一八"惨案的背景：北洋军阀政府的残暴镇压，爱国青年为追求民主自由而英勇抗争。通过讲授，让学生仿佛看到刘和珍等青年在枪林弹雨中请愿的场景，理解鲁迅悲愤交加的情感，从而激发学生的正义感与对和平、正义的追求。

最后，可以用对比讲授，创设思辨情境。在讲授不同文本时，可以通过对比创设思辨情境。例如，将《师说》中"道之所存，师之所存"的择师观念，与当下社会部分人以地位、财富衡量"老师"的现象对比讲授，引导学生思考传统尊师重道观念在现代的意义，让学生在情境对比中辨析，培养正确的价值观与道德判断能力。

在设置情境时，可以从不同角色的不同视角出发。"语文学科德育应从教育学视角出发，在道德认知矛盾处理中引导学生的道德观念，通过真实道德情境的转换来促进学生道德认知能力发展。"[1]

（二）以资料编排构建环境

教学中通过资料编排来构建教学环境，能有效提升德育效果。

---

[1] 李娟. 语文学科德育的多维视角研究[J]. 教育学术月刊. 2021(7)：104.

首先,要紧扣教材文本,拓展相关资料。对于课本中的古代诗文,除了提供常见的字词注释、译文等基础资料,还应着重补充作者生平经历、创作背景及当时的社会文化风貌。例如,在学习《劝学》时,除介绍荀子的基本思想外,还可详细讲述战国时期百家争鸣的学术氛围,以及荀子在这样的环境下对学习重要性的深刻认知。通过这种方式,让学生明白,在竞争激烈的时代背景下,荀子强调通过学习提升自我,是一种积极进取的人生态度。这不仅有助于学生理解文章的主旨,更能引导他们树立正确的学习观,培养积极向上的人生态度。

现代文学作品则有所不同。以鲁迅作品为例,在学习《拿来主义》时,除了介绍当时的社会政治背景,即帝国主义列强对中国进行文化侵略,封建复古主义势力企图阻挠新文化运动的发展外,还可编排一些同时期国内外文化交流与冲突的具体事例。例如,一些西方文化思潮对中国传统文化的冲击,以及国内文化界不同流派的争论等。通过这些资料,让学生深入理解鲁迅提出“拿来主义”的深刻意义,培养学生的文化自信和理性的文化选择意识。

其次,要按主题分类,整合资料。例如,爱国主题,可以收集不同时代、不同体裁的文学作品及相关资料,如古代的《示儿》《过零丁洋》,近现代的《我爱这土地》《最后一课》(都德)等。同时,整理从古至今为国家作出杰出贡献的人物事迹,像古代的岳飞精忠报国,现代的钱学森放弃国外优厚条件回国投身科研等。将这些资料按时间顺序或体裁分类编排,形成一个丰富的爱国主题资料包。在教学时,引导学生从不同角度感受爱国情感的表达方式,培养学生的爱国主义情怀和民族自豪感。

品德修养主题则可以选取以品德修养为主题的经典故事、名言警句及相关文学作品。例如,“曾子杀猪”体现诚信,“孔融让梨”体现谦让,以及《论语》中众多关于品德修养的言论。同时,搭配一些现代社会中展现良好品德的新闻报道,如拾金不昧、见义勇为等事迹。将这些资料整合,通过故事讲述、名言解读、案例分析等方式,引导学生思考品德修养在生活中的重要性,帮助学生树立正确的道德观念。

最后,要结合时代热点,及时更新资料。社会热点话题层出不穷,如环保问题、网络文明、传统文化传承等。在语文教学中,结合这些热点编排资料,及时关注时代楷模、道德模范等人物事迹,将其编排进教学资料。例如,"杂交水稻之父"袁隆平致力于杂交水稻研究,解决全球粮食问题的事迹;"抗疫英雄"钟南山在疫情期间不顾个人安危,奔赴抗疫一线的故事等。将这些事迹与语文教材中的人物形象进行对比、联系,引导学生学习时代楷模的优秀品质,树立正确的人生观和价值观。

(三) 以个体为榜样发挥引领示范作用

德育理论中,优秀个体的作用不可忽视,优秀个体往往能够带动整个集体在德育方面实现共同成长。

树立课堂榜样:在日常语文课堂上,教师应留意那些积极参与讨论、思维活跃且具有正确价值观的学生。例如,在《鸿门宴》的课堂讨论中,有学生能从项羽和刘邦的行为决策深入分析其性格特点,还能从道德层面探讨人物行为的得失,如项羽的刚愎自用和刘邦的善于用人等。教师应及时表扬这类学生,将他们树立为榜样,激励其他同学像他们一样积极思考、踊跃发言,在思想碰撞中提升对历史人物和事件的道德认知。

宣扬写作榜样:将在作文中展现出深刻思想、高尚品德的学生作品作为范例。例如,某位学生在以"责任与担当"为主题的作文中,结合抗疫英雄的事迹和自身感悟,生动阐述了当代青年应有的责任意识。教师可以在课堂上朗读这篇作文,让其他学生学习其立意、选材和情感表达,激发大家在写作中思考道德问题,提升思想境界。

优化小组分组:根据学生的性格、学习能力、道德素养等因素进行科学分组,筛选出积极向上、具有一定组织能力和道德素养的若干名优秀学生,确保每个小组都有优秀学生代表。例如,组织小组项目"关注传统文化",同时安排一位责任心强、沟通能力好的学生担任组长,组员则挖掘各自的长处,如资料收集、演讲能力等,各自分工协作。

管理小组任务:布置具体任务时,例如选择传统文化剧本《西厢记》并进行表演。在活动中,小组长组织、计划和协调跟进,小组成员分专题深入挖掘传统文化中的德育内涵,如重视亲情、忠于爱情、诚实守信、与人为善、热爱祖国等。在具体的讨论、创作和表演过程中,让学生自发讨论和接受传统道德熏陶,培养对传统文化的热爱,同时增强团队合作精神。

开展主题演讲活动:开展以德育为主题的演讲比赛,如"青春与梦想""诚信的力量"等。先让学生自主准备演讲稿,在这个过程中,学生需要深入思考主题相关的道德意义。在演讲比赛中,优秀的个体演讲者通过富有感染力的表达,将自己对主题的理解传递给全班同学,激发集体的共鸣。例如,一位学生在"青春与梦想"的演讲中,讲述自己为实现梦想努力奋斗的经历,以及梦想对青春的重要意义,激励其他同学树立远大理想,为实现梦想而努力拼搏。

开展文学社团活动:成立语文文学社团,组织社团成员开展读书分享会、诗歌创作等活动。在社团中,积极活跃且具有较高文学素养和道德修养的学生能够带动其他成员。例如,在读书分享会上,分享者对经典文学作品中道德观念的深刻解读,能引发其他成员的深入思考,促进整个社团成员在道德认知和文学素养方面的共同提升,营造积极向上的班级文化氛围。

四、外部支持

(一) 协同多方力量

高中语文学科德育教学也要善于借用外部力量作为支撑,这些外部力量主要涵盖学校、家庭、社会与社区四个方面。

学校管理支持:学校需优化课程设置,除常规语文教学外,增设如"传统文化与道德追求"等德育主题拓展课程,并合理安排,使德育与语文知识紧密结合。同时,学校要保障教学资源,为教师提供丰富的图书、多媒体素材及在线教育资源,助力德育教学。此外,应定期组织教师参加德育教学培训,邀请专家讲学,分享先进理念与方法,鼓励教师参与研讨会,提升教学水平。

家庭教育引导:家长应积极开展亲子阅读,如选择《钢铁是怎样炼成的》等富含德育价值的作品,与孩子共同阅读讨论,引导孩子思考道德意义。通过这种方式,家长可以营造良好的家庭文化氛围,设置读书角,并以自身良好的言行作榜样。并且,家长要与学校语文教师密切沟通,通过家长会等方式,关注孩子的品德发展。

社会资源助力:博物馆、图书馆等文化场馆蕴含丰富的德育素材,学校可组织学生参观学习。文化场馆也应举办相关讲座。学校可与文艺团体合作,邀请剧团、朗诵艺术团到学校演出、培训,让学生感受文学的魅力。还可利用电视、网络媒体平台,推出文化类节目、在线课程,为学生提供多样化的学习资源。

社区文化协同:社区组织读书节、诗词朗诵比赛等文化活动,邀请学生参与,增强其社区认同感。鼓励学生参与社区志愿服务,如担任图书馆义工,传播语文知识与德育理念。社区与学校加强合作,开展"社区文化与语文素养提升"等教育项目,促进学生了解社会,培养良好的品德。

多方协同为高中语文学科德育教学提供了有力的外部支撑,共同促进了学生的品德发展。

(二) 队伍建设

教师的专业培训和业务提升在高中语文学科德育教学的队伍建设中至关重要,直接决定了德育教学的质量与效果。

深化德育理论学习:教师需要深入学习德育相关理论知识,理解德育的内涵、目标和原则。通过参加教育理论研修班,系统学习教育学、心理学中关于德育的理论,如皮亚杰的道德认知发展理论、科尔伯格的道德发展阶段理论等,把握学生道德发展的规律,从而在教学中有的放矢。此外,教师还应研读《论语》《理想国》等经典德育著作,汲取其中的教育智慧,丰富自身德育理念,在讲解语文课文时,能从经典德育思想出发引导学生思考,提升学生道德认知水平。

挖掘语文教材德育元素:开展针对语文教材的专题培训,帮助教师精准挖掘教材中的德育素材。例如,在古典文学作品中,深入挖掘传统文化中的道德规范,如《孟子》所体现的"仁政"和"义利观";在现代文学作品中,探寻时代精神与价值追求,如《白杨礼赞》中所展现的坚韧品质与民族精神。教师通过集体备课、案例分析等方式,交流分享挖掘德育元素的经验,提升对教材的解读能力,使语文教学与德育自然融合,实现润物细无声的育人效果。

提升教学方法运用能力:培训教师掌握多样化的德育教学方法,以适应不同教学内容和学生需求。例如情境教学法,教师通过创设生动的情境,让学生在情境中感受道德情感。在学习《雷雨》时,模拟戏剧场景,让学生体会人物的道德困境与选择。同时,项目式学习法也十分有效,可以组织学生开展以"文学作品中的道德启示"为主题的项目,学生分组探究、展示成果,培养合作能力与道德思考能力。教师要不断学习新的教学方法,并在实践中灵活运用,提高德育教学的吸引力和实效性。

强化教育科研能力:鼓励教师开展德育教学相关的教育科研工作,以科研促教学。学校应组织科研培训,指导教师如何开展课题研究、撰写教育论文。教师可以结合教学实践,研究如"如何在高中语文阅读教学中渗透德育"等课题,通过调查研究、行动研究等方法,探索有效的德育教学策略。通过参与学术交流活动,与同行分享研究成果,吸收先进经验,不断改进自己的教学方法,提升业务水平。

拓宽文化视野:语文教师应不断拓宽文化视野,提升文化素养,为德育教学提供更丰富的资源。通过参加文化讲座、学术研讨会,了解不同文化的特点和价值,在教学中引导学生尊重多元文化,培养包容的文化态度。同时,教师应学习优秀传统文化,提升自身文化底蕴,在讲解古诗词时,能将诗词背后的文化内涵、历史故事生动地呈现给学生,增强学生对传统文化的认同感和自豪感,促进学生道德素养的提升。

(三)激励措施

为促进高中语文学科德育教学的有效开展,对教师和学生都需要采取合适的激励措施。

1. 对教师的激励

专项荣誉嘉奖:设立"德育教学楷模""卓越德育导师"等荣誉称号,定期评选在语文学科德育中表现卓越的教师。这些荣誉能提升教师的职业自豪感和荣誉感,是对教师辛勤耕耘的认可,从而鼓舞他们在德育的道路上更加奋发图强。

职业成长扶持：为积极投身德育的教师提供更多职业成长机遇，如推荐参与高层次的德育研讨会、学术交流活动，帮助他们汲取先进教育理念与方法。在具体利益分配上向这些教师倾斜，例如在职称评定、岗位晋升时，优先评选在德育领域取得显著成果的教师，激发教师主动投身德育工作的热情。

教学资源支持：为专注于德育的教师提供充足的教学资源，如精选的德育案例汇编、专业书籍、多媒体素材等专业支持；同时，准备专门的教学活动场地等，为学科德育做好后勤支持，保障学科德育工作顺利进行，提升教学质量和效果。

2. 对学生的激励

（1）作业激励。

个性化评语：在批改语文作业时，教师除了给出学业评价，还应针对学生在作业中体现的思想观点、道德情感给出个性化的德育评语。例如，学生在作文中展现出对社会现象的深刻思考、积极的价值观，教师可在评语中给予肯定和鼓励，如"你的观点很有见地，展现出强烈的社会责任感，继续保持这份对生活的热忱与思考"。

作业奖励：设立作业优秀奖，对在作业中体现良好品德和深入道德思考的学生给予奖励，如颁发荣誉证书、赠送经典文学书籍等。对于进步明显的学生，也应给予鼓励，如发放德育进步小奖品，激励学生在作业中认真思考德育相关内容。

（2）考试激励。

设置德育加分项：在语文考试中，除了常规的知识考查，可设置德育加分项。例如，在作文评分时，对于立意深刻、展现高尚道德品质和正确价值观的文章，给予适当加分。在阅读理解题目中，若学生能从道德角度对文本进行独到分析，也可获得额外加分。

考试表彰：考试后，对在语文考试中体现出良好德育素养的学生进行表彰，如在班级荣誉墙上展示优秀试卷，标注学生在道德思考方面的亮点。还可在家长会上表扬这些学生，增强学生的自信心和荣誉感，激励更多学生重视语文学习中的德育内容。

（3）活动激励。

组织德育主题活动：举办如"文学与道德"主题演讲比赛、"经典中的品德"课本剧表演等活动。对在活动中表现出色的学生，给予奖品和证书，激发学生参与活动的积极性，让他们在活动中深入理解和践行德育内容。

建立德育积分制度：为学生参与德育相关活动设立积分，如参与志愿者活动、参加德育讲座并撰写心得等都可获得积分。积分可兑换学习用品、书籍，或者作为期末综合素质评价的重要参考，鼓励学生积极参与各类德育活动，提升自身道德素养。

第四章

高中语文单元式学科德育实践与反思

一、教学单元课例

（一）单元整体设计示例

"党的领导"主题语文单元教案整体设计

一、单元主题

在文学作品中探寻中国共产党的领导力量，感悟不同时期党的使命与担当。

二、单元目标

（1）语文能力：提升学生的阅读理解、语言表达、写作以及文学鉴赏能力，学会从文本中提取关键信息，分析作品的艺术特色。

（2）思想教育：让学生深刻理解中国共产党在新民主主义革命时期，为人民解放事业不懈奋斗、领导人民反抗压迫、追求自由平等的伟大历程，增强对党的崇敬与热爱，培养爱国情怀和社会责任感。

三、教学重难点

（1）教学重点：引导学生通过对六篇课文的研读，理解党在不同历史场景下发挥的领导核心作用，分析作品中人物形象与党的理念传播、践行之间的联系。同时，掌握不同体裁文章的阅读方法，如散文、小说、报告文学等。

（2）教学难点：如何将语文知识与党的领导这一主题紧密结合，

使学生在学习语文知识的同时，深刻领悟党的领导对中国革命进程的重要意义，并将这种感悟转化为自身的精神动力和价值追求。

四、教学方法

讲授法、问题引导法、小组合作探究法、情境教学法。

五、教学资源

（1）教材中的六篇课文：《记念刘和珍君》《为了忘却的记念》《包身工》《荷花淀》《小二黑结婚（节选）》《党费》。

（2）相关历史资料、图片、纪录片等多媒体资源，如反映五四运动、土地革命、抗日战争等时期的历史影像。

（3）拓展阅读材料，同一时期的其他文学作品、革命先辈的回忆录等。

六、教学安排

第一阶段：导入与背景介绍（2课时）

（1）展示五四运动、"四一二"反革命政变、抗日战争等历史时期的图片和短视频，引出单元主题"党的领导"。介绍本单元六篇课文创作的历史背景，帮助学生构建历史框架，理解课文产生的时代土壤。

（2）开展"党史小课堂"，简要讲述中国共产党在新民主主义革命时期的重要事件和发展历程，重点讲解党在领导人民反抗压迫、争取民族独立过程中的关键决策和英勇斗争。

第二阶段：文本研读（12课时）

（1）《记念刘和珍君》《为了忘却的记念》（4课时）：通过对这两篇散文的对比阅读，分析鲁迅的写作目的、情感表达和语言特色。引导学生思考在反动势力压迫下，中国共产党如何领导进步青年追求真理、反抗暴政，组织学生分组讨论鲁迅对革命青年的态度以及对党的领导的潜在期望。开展小型辩论会，主题为"在黑暗时代，党的领导对于青年的觉醒有多重要"。

（2）《包身工》（2课时）：学习报告文学的特点，分析作者如何通过具体事例和细节描写揭露包身工制度的残酷，探讨中国共产党领导的工人运动对改善工人阶级生活状况、争取工人权益的重要意义。组织学生进行角色扮演,模拟工人与资本家的对话,加深对课文内容的理解。

(3)《荷花淀》(2课时):分析小说的人物形象、情节发展和环境描写,体会白洋淀人民在党的领导下,积极投身抗日斗争的乐观精神和爱国情怀。开展小组讨论,探究水生嫂等人物形象所体现的党的思想引领下的妇女解放。举办"我眼中的荷花淀英雄"演讲活动,鼓励学生分享自己的感悟。

(4)《小二黑结婚(节选)》(2课时):分析小说的情节、人物和语言特色,探讨在党的领导下,解放区如何进行民主改革,打破封建思想束缚,追求婚姻自由和新生活。组织学生进行剧本改编和表演,展现小二黑和小芹争取自由的过程。

(5)《党费》(2课时):分析小说中黄新等共产党员的形象,理解在艰苦的革命斗争中,党同人民群众的血肉联系,以及党员对党的忠诚和坚定信念。开展"红色故事分享会",让学生讲述自己所知道的类似的革命故事,加深对党的认识。

第三阶段:拓展与写作(4课时)

(1)布置拓展阅读任务,推荐同一时期的其他文学作品,如《红岩》《青春之歌》等,要求学生撰写读书笔记,分享阅读心得。

(2)写作训练(3课时):以"党的领导下的革命岁月"或"我心目中的革命英雄"为主题,进行写作指导和练习。教师指导学生确定立意、选择素材、安排结构。学生完成初稿后进行互评和教师点评,修改完善作文。

第四阶段:总结与评价(2课时)

(1)回顾本单元的重点内容,梳理党的领导在六篇课文中的体现和发展脉络,总结不同文体的阅读方法和写作技巧。

(2)开展单元学习评价,包括课堂表现、作业完成情况、小组合作参与度、阅读分享和写作成果等方面,采用教师评价、学生自评和互评相结合的方式,对表现优秀的学生进行表彰和奖励。

（二）单元重构设计示例

"爱国主义"主题语文单元教案整体设计

一、单元主题

通过阅读经典篇章,感悟爱国主义情怀,传承和弘扬爱国精神。

二、单元目标

（1）知识与能力：学生能够深刻理解并熟练掌握课文中的核心字词与句式,从而提升对文言文与现代文的阅读理解能力；进而提升语言表达能力,能够围绕爱国主义主题进行流畅的写作与深入的交流。此外,还要学会品味诗词与演讲稿的艺术魅力,如诗词中的意象与意境,演讲稿中的语言风格与论证逻辑,进而增强文学鉴赏力。

（2）过程与方法：通过诵读、研讨与比较分析等多种方法,开展小组合作学习,培养学生的团队协作精神与自主探究能力,在小组学习时,深入讨论、挖掘课文内容与作者情感。引导学生结合时代整体背景与现实热点问题,深入思考爱国主义的内涵与时代价值。

（3）情感态度与价值观：激发学生对祖国的深厚热爱与责任感,培养他们的民族自豪感与自信心,强化学生传承与弘扬爱国主义精神的使命感。

三、教学重难点

（1）教学重点：引导学生理解三篇课文中所蕴含的爱国主义情感,体会作者的爱国情怀和报国之志。掌握诗词和演讲稿的阅读与鉴赏方法,提高学生的语文素养。

（2）教学难点：帮助学生理解不同时代背景下爱国主义的具体表现和深刻内涵,引导学生将爱国主义情感转化为实际行动,树立正确的价值观和人生观。

四、教学方法

讲授法、诵读法、讨论法、情境教学法、比较分析法。

五、教学资源

（1）教材中的三篇课文：《沁园春·长沙》《中国人民站起来了》

《永遇乐·京口北固亭怀古》。

（2）多媒体课件，包含作者介绍、时代背景、相关图片、音频和视频资料等。

（3）拓展阅读材料，如同一作者的其他作品、相关主题的经典文学作品等。

六、教学安排

第一阶段：导入与背景介绍（2课时）

（1）播放一系列展现祖国壮丽山河、悠久历史和伟大成就的图片和视频，营造浓厚的爱国主义氛围，引出单元主题"爱国主义"。

（2）分别介绍三篇课文的作者、创作背景，帮助学生了解作品产生的时代环境，为理解课文内容和情感奠定基础。重点介绍新民主主义革命时期和南宋时期的历史背景，让学生明白在不同历史阶段，爱国主义有着不同的表现形式和深刻内涵。

第二阶段：文本研读（6课时）

（1）《沁园春·长沙》（2课时）

教师范读和学生诵读相结合，感受诗词的韵律美和节奏美。分析诗词中的意象，如"万山红遍，层林尽染；漫江碧透，百舸争流"等，体会作者描绘的壮丽秋景，探讨其中蕴含的青春激情和革命壮志。组织学生讨论"问苍茫大地，谁主沉浮"所表达的情感，引导学生思考青年毛泽东的爱国情怀和担当精神。开展诗词朗诵比赛，让学生在诵读中加深对诗词的理解和感悟。

（2）《中国人民站起来了》（2课时）

引导学生梳理演讲稿的结构，分析其论证逻辑，理解作者如何阐述"中国人民站起来了"的历史意义和伟大使命。赏析演讲稿的语言特色，如"我们的民族将从此列入爱好和平自由的世界各民族的大家庭，以勇敢而勤劳的姿态工作着，创造自己的文明和幸福，同时也促进世界的和平和自由"，体会其庄重、激昂的风格，感受作者对国家和人民的深切热爱与期望。组织学生进行模拟演讲，让学生在实践中体会演讲稿的感染力和号召力。

（3）《永遇乐·京口北固亭怀古》（2课时）

介绍辛弃疾的生平经历和创作风格，帮助学生理解其爱国情怀的形成背景。引导学生理解诗词中的典故，如"孙仲谋处""寄奴曾住""元嘉草草"等，分析作者运用典故表达的情感和意图。探讨诗词中作者对国家命运的忧虑和壮志难酬的悲愤，体会其深沉的爱国主义情感。开展小组讨论，比较《沁园春·长沙》和《永遇乐·京口北固亭怀古》在表达爱国主义情感上的异同，培养学生的比较分析能力。

第三阶段：拓展与写作（4课时）

（1）布置拓展阅读任务，推荐阅读毛泽东的其他诗词、辛弃疾的经典作品以及反映爱国主义主题的现代文学作品，要求学生撰写读书笔记，分享阅读心得。

（2）写作训练（3课时）：以"我心中的爱国主义"或"新时代的爱国担当"为主题，进行写作指导和练习。教师引导学生结合课文内容和生活实际，确定立意、选择素材、安排结构。学生完成初稿后，进行小组互评和教师点评，修改完善作文。鼓励学生在写作中表达真情实感，展现对爱国主义的独特理解和思考。

第四阶段：总结与评价（2课时）

（1）回顾本单元的重点内容，梳理三篇课文中爱国主义情感的表达方式和内涵，总结诗词和演讲稿的阅读方法、写作技巧。

（2）开展单元学习评价，从课堂表现、作业完成情况、小组合作参与度、阅读分享和写作成果等方面进行综合评价。采用教师评价、学生自评和互评相结合的方式，对表现优秀的学生进行表彰和奖励，激发学生的学习积极性。引导学生反思自己在本单元学习中的收获和不足，明确努力方向，鼓励学生在今后的学习和生活中不断践行爱国主义精神。

二、教学实践反思

（一）课例《苏武传》

《苏武传》第三课时教案

【教材分析】

本文选自选择性必修上册第三单元,本单元属于"中国传统文化经典研习"学习任务群的第二个专题。其人文主题为"历史的现场"。因此,《苏武传》的学习旨在引导学生在学习史传文学的过程中,通过问题链的解决,将苏武放回历史现场,深入体会他所面临的现实处境,理解他所选择的北海牧羊背后的道义坚守。此外,本文较旧教材在选段方面有所不同,增加了李陵劝降的段落,故在教学设计上着重分析该段,以回应新教材的特征。

【学情分析】

高二学生基于《屈原列传》的学习,对于以记人为中心的史传类文本已有一定的学习经验,加之苏武牧羊的故事深入人心,学生对本文的主人公与故事情节并不陌生。但是学生容易对苏武简单地贴个"爱国"的标签,不能够充分认识到他在何种情境下做出了怎样的人生选择,以及其行为的历史意义与后世影响。因此,要通过文本分析与情境设置来引导学生进入历史现场,分析人物形象。

《苏武传》篇幅较长,不仅要对文言字句有所落实,更要开展积极的语言实践活动,让学生产生切己的体察与思考。在预习作业方面,要求同学梳理全文主要情节,掌握重点文言字词。第一课时完成《汉书》相关内容的介绍并梳理主要情节;第二课时分析"卫律劝降",比较分析卫律与苏武的人物形象,理解苏武两次选择自杀的原因,明确苏武始终置个人生死而不顾,决意维护国家尊严的民族气节。

在第三课时中,重点将集中在分析李陵劝降的片段,结合李陵的《答苏武书》来解读李陵的劝降策略与卫律劝降有何不同?增加李陵劝降的片段对于苏武的人物塑造有何作用? 从而进一步激发学生的思考,深入理解苏武忠贞自守的爱国者形象。

第三课时教学设计

【教学目标】

(1)赏析对比衬托的手法在苏武形象塑造中的作用。

(2)领悟苏武誓死捍卫民族尊严、威武不屈的精神。

【教学重点】

(1)结合《答苏武书》理解李陵劝降的思想策略。

(2)学习苏武的民族气节与爱国情怀,弘扬爱国主题。

【教学难点】

理解苏武两次拒降的理由与背后的精神力量。

【教学过程】

一、经典曲词导入,梳理文本情节

课堂环节:播放《苏武牧羊》歌曲,PPT 展示歌词。请同学们结合歌词回顾上两节课的内容。

设计意图:回顾前文内容,品读人物形象。

二、走进历史现场,提出核心问题

课堂环节:结合课前《答苏武书》的阅读,请同学们分享对于李陵的认识,并展示关键原文,梳理李陵投降的原因。

明确:李陵出使匈奴兵败而降,本想诈降再立功勋,不想汉武帝因其投降而斩杀其全家,彻底断绝了李陵归汉的心。

主问题:"李陵劝降"对于苏武形象的塑造有何作用?(国家利益、民族气节)

意图:帮助学生形成对于李陵更立体的认识,从而走入李陵劝降的历史现场,分析李陵的劝降思路。

支架一:李陵的"情"与"理"

课堂环节:分析李陵是从哪几个方面进行劝降的。

明确:汉之薄情,君之寡恩,人心之难测,试图彻底击溃苏武心中对于"义"的信仰与坚守。

朗读:"终不得归汉,空自苦亡人之地,信义安所见乎?""人生如朝露,何久自苦如此!"

支架二:苏武的"情"与"义"

课堂环节:分析苏武如何回应李陵的劝降。

明确:苏武逐一回应了李陵对自己的心理攻势,以君臣之道、感恩之心以及生死有命的态度,大义凛然地拒绝了李陵的劝降。

朗读:"今得杀身自效,虽蒙斧钺汤镬,诚甘乐之。"

"臣事君,犹子事父也。子为父死,亡所恨,愿无复再言!"

"自分已死久矣!王必欲降武,请毕今日之欢,效死于前!"

支架三:李陵的"愧"与"服"

课堂环节:分析李陵喟叹"义士"的原因。

明确:在"罢黜百家,独尊儒术"的思想背景下,李陵也曾以儒家的道德价值为自己的价值追求,但是李陵将个人私情置于国家利益之前,囿于单于对自己的优待,痛心于汉君之寡恩。虽深知自己的抉择是"上通于天"的罪行,但他仍决意留在匈奴,心中充满了羞愧与对苏武的钦佩。

朗读:"嗟乎,义士!陵与卫律之罪,上通于天!"

三、回应主问题:"李陵劝降"对于苏武形象的塑造有何作用?

在李陵强大的劝降攻势之下,在艰难困苦的绝境之中,苏武的忠君报国之志仍未被摧垮,如此更体现了苏武对人格理想的坚守不易。我们更能感受到苏武身上所凝聚的忠于大汉的爱国情操、坚贞不屈的民族大义、无所畏惧的英雄气概,以及坚忍不拔的强大意志与自强不息的奋发精神。

四、开展课堂活动,丰富情感体验

课堂环节:引用原句,仿写段落,朗读品味。

示例：

朔风狂，雪地冰天；

北海边，赤心尤烈；

"常愿肝脑涂地，杀身自效"

精心孤胆，万古流传；

唤一声"义士"，忠贞俯仰苍天。

仿写：

斥卫律，凛然不屈；

答李陵，＿＿＿＿＿＿＿；

"＿＿＿＿＿＿＿＿＿＿＿"

舍生取义，＿＿＿＿＿＿＿；

赞一声"英雄"，＿＿＿＿＿＿＿＿＿。

意图：回顾原文，感受苏武的人物形象，形成进一步的高位认知。

五、布置课后作业，升华主旨认知

请结合具体事例评析苏武精神在现代社会的表现及其意义。

（二）课例《烛之武退秦师》

一、基本信息

（1）学科：语文。

（2）学段：高二。

（3）内容：《烛之武退秦师》课文。

二、落实德目

一级德目：国家意识。

二级德目：国家利益。

德育价值：在事关国家领土主权问题上，我们始终坚持寸土必争，寸土不让，誓死捍卫国家主权和领土完整。本课通过《烛之武退秦师》的学习，跨越古今，走近这位以一人之力巧妙退兵，维护国家领土完整的智者能人。

三、教学设计

(一) 情境导入，提出核心问题

基于《齐桓晋文之事》的学习，学生们对春秋战国时期各国混战，战乱不休的背景有了基本的了解。本课的导入以前情回顾的方式向学生们介绍了"重耳过郑""郑楚结盟""惠公背约"的故事背景，帮助学生了解这场战事的起因。随后，以图示的方式展示各国当时的地理位置，让学生们直观地了解到郑国当时被强国围困、腹背受敌的处境，以及烛之武身为使臣所面对的现实困境。最后，提出本质的问题：烛之武凭借什么劝退秦师？

课堂实录：

教师：请结合地图，用自己的语言来形容一下此时的战局。

学生：郑国被强国两头夹击，军情紧急，危在旦夕。

教师：好的，那结合文本第二段，谈谈文中是如何体现此时郑国军情紧急的？

学生：佚之狐在向郑伯禀明情况时说，"国危矣"，一个"危"字体现了情况危急。

教师：很好，还有别的细节可以体现吗？

学生：郑伯为了获得烛之武的帮助，还向烛之武道歉了。

教师：关键在于郑伯为什么会道歉？又是怎样道歉的？

学生：因为烛之武说自己老了不行了。

教师：只是因为这个原因吗？

学生：当时情况危急，刻不容缓，郑伯只能拉下面子，用道歉来缓和烛之武的情绪。

教师：是的，从"今急而求子"一句就可以了解郑伯心里的焦急，有没有同学可以解释一下？

学生："急"字构成了一种危急的氛围。

教师：没错。此外，在春秋时代，被国君称为"子"，往往都是国君所敬重的老臣、贤臣。此时郑伯以相当尊重的口气直截了当地承认自己的过失，可见情势的危急。

（二）设立支架，分组讨论思辨

支架1：请从外部环境、游说难度与自身处境三方面谈谈烛之武作为使臣的境遇是怎样的？

借助问题支架，发挥学生自主学习的能力，对烛之武所面对的艰难处境有全面的认识，认识到烛之武为保障国家领土完整所承担的压力与责任。

支架2：请从出发方式、谈判内容、外交用语三方面谈谈烛之武成功劝退秦伯的原因。

借助问题支架，引导学生细读文本，帮助学生构建一个有勇有谋的烛之武的人物形象，体会其智慧的救国策略与巧妙的外交辞令。

（三）成果展示，提升德育价值

由各组组长分享组内的讨论结果，明确烛之武在面对个体生命的险境与国家主权的危机时，摒弃了之前的个人得失，以国家利益为重。通过运用利益诱惑的方式，利用矛盾，以巧妙的辞令，实现卑己尊人的效果，最终赢得了这场心理战的胜利，在这番国家利益角逐的过程中，烛之武的行为展现了他对国家利益的坚定奉献。

（四）作业布置，深入主题研讨

本节课分析了烛之武成功退秦的原因，作为作业，要求学生思考秦伯与晋文公主动退兵的原因。下一节课将从"礼"的角度进一步分析《左传》的历史价值。

四、德育价值分析

本课例通过核心问题与支架设置，帮助学生在基本了解春秋战国"礼乐征伐自诸侯出"的现象的基础上，形成对烛之武临危受命、慷慨赴敌营的深刻认识，强化了学生对个体与国家命运紧密联系、共荣共生的认识；从而进一步地分析烛之武非凡的外交艺术，以不动一兵一卒的方式化危难于无形，也呼应了当下独立自主的和平外交政策，实现德育价值的充分落实。

（三）课例《"探界者"钟扬》

一、文本分析

（一）内容主旨分析

本文是部编版高中语文必修上册第二单元第 4 课的第三篇课文，与第 4 课的另外两篇课文一样，都属于人物通讯。文章以五个小标题串联了科学家钟扬如何与植物学结缘、献身于种子事业、积极进行科普、悉心培养学生等故事，展现了他对"生命的高度和广度"的不懈探索。

（二）语文学科的教学价值分析

本文作为一篇人物通讯，它所表现出的人物通讯的特点是语文学科的教学价值之一。

通过分析小标题及小标题引领的内容来理解人物，这是语文学科的教学价值之二。

能够提炼概括出人物行为的积极影响，锻炼学生的提炼概括能力，这同样是语文学科的教学价值之三。

理解人物行动背后的驱动力——人物的价值观，则是本文最深刻的语文学科的教学价值。

（三）学科德育的教学价值分析

一级德目：国家意识。

二级德目：国家利益。

从钟扬的行为产生的效果来看，他不管是在西藏不畏艰险寻找种子，还是不辞劳苦地进行科普工作，抑或是悉心培育学生，都对生物学的发展和国民科学素养的提升以及未来科研人才的成长起到了积极的促进作用。这些行为都符合国家利益。

　　从钟扬行为背后的价值观来看,为了国家利益献身于科学事业是他自觉主动的追求。这从他不顾生命危险登上氧气稀薄的珠峰寻找种子可以看出,从他突发脑溢血后已经不适合去西藏工作,却坚定地再次踏上西藏的土地可以看出。他的文章《生命的高度》中写道,"当一个物种要拓展其疆域而必须迎接恶劣环境挑战的时候,总是需要一些先锋者牺牲个体的优势,以换取整个群体乃至物种新的生存空间和发展机遇"。

　　(四)语文学科和学科德育的契合点分析

　　分析钟扬行为的意义,考查学生的理解能力和提炼概括能力,这是语文学科的基本能力;分析出的钟扬行为意义的答案——增进国家利益,则是语文学科德育的价值体现。

　　通过微辩论深入理解钟扬行为背后的价值观,这个教学环节所考查的是学生的表达能力、思辨能力和深入探讨人物价值观的独立思考能力,与理解钟扬为了国家利益愿意奉献自我的精神更是高度契合。

　　二、学情分析

　　(1)学生在本单元本课已经学习了两篇人物通讯,即《喜看稻菽千重浪——记首届国家最高奖获得者袁隆平》和《心有一团火,温暖众人心》,积累了一定的阅读人物通讯的方法和经验。这些都为本课时的学习打下了较好的基础。

　　(2)从预习作业来看,学生基本理解每个小标题所引领的内容,但不太能理解钟扬为何在突发脑溢血后,医生和亲友都认为不能再去西藏的情况下,仍执意前往。

　　三、教学目标

　　(1)通过分析钟扬行为的意义及行为背后的价值观来探究钟扬对生命意义的回答。

　　(2)理解钟扬为了国家利益愿意奉献自我的精神。

　　四、教学重难点

　　教学重点:分析钟扬行为的意义及行为背后的价值观。

教学难点：通过微辩论及教师点评深入理解钟扬为了国家利益愿意奉献自我的精神。

五、教学设计

整体教学设计

核心任务：探究钟扬对生命意义的回答。

学习活动一：阅读各个小标题的内容，全面认识钟扬。

学习活动二：分析钟扬"探界"行为的意义。

学习活动三：通过辩论来探究钟扬"探界"行为背后的价值观。

（一）导入

种子在我们看来似乎永远不会"绝种"。但在植物学家眼中，种子远没有人们想象得那么顽强。事实上，环境污染、气候变化、毁灭性开发及种子垄断等太多因素使得植物多样性急剧下降，据统计，目前全球植物物种的1/4,6万～10万种植物正在面临着灭绝的威胁。而当一种植物从我们身边消失时，并非只是带走了一些颜色和芬芳，它还会引发一系列导致更多动物和植物绝种的连锁反应，造成生态失衡。另外，我国许多优质的粮食和蔬果种子依赖进口，这就是我们这个时代面临的"种子危机"。今天让我们一起学习科学家钟扬为种子事业而不断奋斗的事迹。

（二）学习活动

学习活动一：阅读各个小标题的内容，全面认识钟扬

问题1：从各个小标题的内容看，钟扬有哪些身份？做了哪些事？

预设：

（1）种子达人——在西藏收集种子十余年，共收集了上千种植物的4000万颗种子，甚至冒着生命危险登上海拔6000米的珠峰北坡，采集到了稀有珍贵的鼠曲雪兔子。

（2）科学队长——与上海自然博物馆、上海科技馆等场馆合作进行科普工作；到中小学进行形式多样的科普活动，并撰写、翻译、审校科普书籍。

（3）学生导师——那些不被其他教授选择的学生，钟扬教授来"接盘"；关爱每一个学生，为他们定制一套个性化的发展规划；呵护学生对植物学的热爱。

问题2：钟扬这几种身份在文中的前后顺序能够调换吗？

预设：不能。因为植物学家是钟扬的主要身份，他作出的最大贡献也是在植物学领域。相对于植物学家，进行科普是他的业余工作。培养学生虽然也是钟扬的工作职责，但他一生耗费精力最多的还是植物学研究，而且培养学生也是带领他们进行科学研究。

教师小结："探界"关联了五个小标题，高度浓缩地概括了钟扬精彩而卓有成就的一生。使用小标题从不同角度来叙述人物事迹、表现人物品质是人物通讯常见的写法。

设计说明：这个教学环节体现了语文学科的教学价值——让学生了解人物通讯的特点，考查学生的理解能力；同时，它也是学生理解人物行为背后的价值观在于追求国家利益的基础。

学习活动二：分析钟扬"探界"行为的意义

环节1：分析问题

问题：钟扬"探界"行为的意义何在？

预设：

种子在未来可能派上大用场，造福中华民族；

通过科普工作，让更多的人了解科学，热爱科学，提升国民的科学素养；

对学生的关爱和培养能够为国家培养更多的科学接班人。

总之，钟扬"探界"行为的意义在于能够增进国家利益，促进中华民族的未来发展。

延伸问题：钟扬"探界"行为的意义在于能够增进国家利益，这是就行为的客观效果而言，那么主观上看，增进国家利益是钟扬自觉主动的价值追求吗？

教师小结：要回答这个问题，我们就要探究钟扬"探界"行为背后的价值观。接下来，我们将通过一场微辩论来探究这个问题。

环节2：观看本校毕业生（课文中所提及的"来自上海市实验学校的一位同学"）谈钟扬对自己影响的视频。

设计说明：分析钟扬行为的意义考查了学生的理解能力和提炼概括能力；分析得出的钟扬行为意义的答案——增进国家利益，则是语文学科德育的价值体现；观看本校毕业生谈感想视频更能体现钟扬对学生的深远影响，使学生深入理解钟扬行为的意义。

学习活动三：通过辩论来探究钟扬"探界"行为背后的价值观

问题：钟扬去西藏的高山上采种子，随时都会有生命危险，突发脑溢血后，他不顾医生、亲友和同事的劝告，毅然决然地又一次走进西藏。钟扬这种为了工作不要命的态度你是否赞同？

正方：我赞同钟扬这种为了工作不要命的态度。

反方：我不赞同钟扬这种为了工作不要命的态度。

辩论流程：

正方立论2分钟。

反方立论2分钟。

双方二辩对辩各1分钟。

自由辩论双方各3分钟。

正方结辩30秒。

反方结辩30秒。

教师点评：教师根据同学们的实际辩论情况进行点评。

设计说明：在预习作业中，有几个同学对钟扬为了工作不要命的态度提出了质疑。针对这个质疑，教师设计了一个微辩论，通过辩论来探讨这个有争议的问题。这种方式让钟扬行为背后的价值观被提出并讨论，彰显了语文学科的教学价值；而探讨得出的结论及教师点评——钟扬为了追求国家利益奉献自我的价值观是对生命的超越，又彰显了语文学科德育的教学价值。

（三）课堂小结

钟扬正是用他的实际行动践行了一个先锋者的精神，他的生命高度与后来者的成功息息相关。钟扬对生命的终结毫不畏惧，因为他坚信，他们采集的种子终有一天会生根发芽，让生命延续，而他在学生心中撒下的科学种子也一定会让科学精神延续！

作为种子达人、科学队长和学生导师的钟扬用他"探界"的行动和行动背后主动追求国家利益的价值观回答了生命的终极意义——生命的意义与国家利益是高度统一的。他的选择是对生命的超越，以国家利益为上，牺牲自我，成就群体！

（四）板书

　　　　　　　植物学家————————→先锋者

生命意义┤钟扬行为的意义——增进国家利益

　　　　　　钟扬行为背后的价值观——追求国家利益

第五章

高中语文学科德育系列化实践活动

一、校园特色活动课程体系

（一）校园特色活动背景

2017 年出版的《中小学德育工作指南实施手册》中专门有一章节对校园节（会）活动进行了指导。其中写道："……有利于调动学生的兴趣，提高积极性、参与性，寓教于乐。学校应结合实际情况，每学年至少举办一次科技界、艺术节、运动会和读书节。"①

上海市实验学校节庆文化系列以全员浸润、两年滚动举行为特点，每学期举办一次，读书节、科技节、艺术节、体育节（简称"四节"）轮番进行。这些活动成为每学期重要的校园文化活动，也成为学生重要的展能舞台。通过让每个学生参与到活动中来，让每个学生得到展示风采的机会，以"四节"为代表的校园文化活动，不仅吸引着全校师生的热情参与，也吸引着家长兴致勃勃地参与其中。"四节"已成为学校的文化盛宴。

2019 年开始，借助学校课程建设的推动，逐步形成了校节课程。课程设计之初，考虑到德育目标的全程渗透，就从目标、组织、活动、回顾等多个方面，将校园特色活动作为德育的又一个重要途径。

---

① 教育部基础教育司.中小学德育工作指南实施手册[M].北京：教育科学出版社，2017：131.

（二）特色活动课程体系

"四节"育人,依托校园特色活动实现育人目标。读书节、体育节、艺术节、科技节是学校特色德育活动的重要组成部分。多年来,学校高中部主办的体育节、科技节,不仅点燃了学生的校园生活热情,还在主题活动设计中融合了育人目标。

为了组织学生积极参与多类型的校园活动,学校进行了以下尝试。

（1）推进学校社团持续建设和成长,打造校园明星社团和星级社团。

（2）围绕节庆主题组织策划特色主题活动,如"花好月圆人团圆"闹元宵主题活动、"雷锋召唤卡"主题校园活动等。

（3）打造一年一部校园年度大戏,为学生搭建表演平台。

二、活动课程示例：戏剧课程

（一）戏剧课程经验梳理与探索

戏剧课程作为核心课程体系之外的校本课程,面临着学生的戏剧认知水平起点和审美素养参差不齐的挑战。这就要求在课程开发过程中对课程资源进行合理有效的整合,以满足不同层级学生的需求,建设真正意义上的校本课程。戏剧课程作为学校的 TFT 课程（Ten for Ten）,也要面向全体学生,确保每位学生都能参与其中。因此,学校戏剧课程分为基础层面和高阶层面。

基础层面要求每一位学生了解基本的戏剧知识,通过运用基础的戏剧课程学习,养成积极的审美情趣和戏剧观赏兴趣。同时,培养学生具有一定的戏剧常识和戏剧鉴赏能力。结合高中语文核心课程的戏剧单元,进行戏剧剧本阅读、鉴赏、交流。由课内经典剧目迁移拓展到课外剧目的阅读和鉴赏。

而对戏剧有一定兴趣的同学,学校提供专业表演课程作为高阶层面,进一步培养学生的话剧表演能力,甚至创作能力。这些课程试图激发学生对话剧表演的钻研热情,培养和提高学生表现美、创造美的综合审美能力。课程采用情景化和任务驱动型教学,引导学生在生活现实情境中进行戏剧学习和创作。引导学生感悟生活、感悟社会、观察自然、体悟人生,在现实生活中直接体验,获得创作灵感,并积累表演经验。

具体而言,在"戏剧人生"学养课程的实践中,我们通过对多元化的教学模式的探索,让学生都能深入体验戏剧的魅力,感受其背后丰富的人文内涵与艺术价值。学校为不同学段开设以下三类课程:

1. 话剧欣赏与台词课程

这两门课程旨在培养学生的戏剧审美能力和基本表演技巧。话剧欣赏课程通过引导学生观赏经典剧目,分析剧情、角色性格及舞台表现,激发学生对戏剧艺术的兴趣与理解。而话剧台词课程则侧重于训练学生的语音语调、情感表达及台词记忆能力,为日后的表演实践打下坚实的基础。

2. 话剧表演课程

在奠定了坚实的理论基础与表演技能后,我们进一步拓宽了戏剧教育的实践领域。话剧表演课程作为连接理论与实践的桥梁,每年面向高一、高二学生招募演员。这门课程不仅选拔具有表演潜力的学生,更通过系统的排练与演出,让学生在实践中深化对戏剧艺术的领悟。学生们在角色扮演中体验不同的人生故事,学会团队合作与沟通协调,同时也在舞台上展现自我,收获自信与成就感。

3. 年度大戏欣赏观摩

年段大戏欣赏观摩作为普及与提升的重要环节,确保了全校学生的广泛参与。各年级学生都能通过观赏学校年度大戏专场表演,近距离感受戏剧的震撼与魅力。年度大戏不仅是对学生学习成果的展示,也是校园文化的重要组成部分,促进了学生之间的艺术交流与情感共鸣,实现了戏剧课程的全面覆盖(见表5-1)。

在校园里,"年度大戏"已经成为一种风潮,每年,高二学生都会积极参与戏剧活动。戏剧课程以及其周边辐射的活动已经成为实验校园文化重要的一环,成为实验人"人人参与"的活动(见图5-1)。

表 5 - 1　2011—2025 年学校年度大戏剧目

年份	剧目	类型	出品人
2011	《雷雨》	经典话剧	张捷
2012	《寻找春柳社》	话剧（戏中戏）	陈新元
2013	《仲夏夜之梦》	经典话剧	袁万萍、朱琳
2013	《药》	肢体剧	朱琳
2014	《吉屋出租》	音乐剧	张捷
2015	《商鞅》	历史剧	张勇男
2016	《秀才与刽子手》	傀儡戏	朱琳
2017	《十二公民》	改编话剧	朱德凤
2018	《结婚》	家庭伦理剧	张捷
2019	《家》	经典话剧	吴法军
2020	《伪君子》	经典话剧	朱德凤
2021	《青春禁忌游戏》	青春剧	陈新元
2022	《变形记》	改编话剧	冯源
2023	《回溯》	原创话剧	吴法军
2024	《灯塔》	原创历史剧	苏琴
2025	《我，堂吉诃德》（排练中）	音乐剧	吴法军、朱炎玮

图 5 - 1　2011—2025 年学校年度大戏在线链接示意

(二) 在戏剧课程中提升学生道德情感

1. 《回溯》原创台词赏读

2023 年年度大戏是戏剧课程学生第一次尝试完成一次剧本全原创的创作。《回溯》原创话剧由《一只 25hz 的鲸鱼》《树洞》和《猛犸》三幕戏共同组成,展现了在成长过程中所经历的家庭、情感与自我的烦恼。整出话剧的"尾声"片段的台词创作,由每一位参演学生结合自身成长感悟共同合作完成,真实展现了学生对于人生与成长的思考。

【剧本:尾声】

周同学:小时候,我认为世界是一个大大的舞台,公主和侍从都已候场多时,只等我这个勇者把恶龙打倒,大家就能过上幸福的生活。

胡同学:小时候,我认为学医就是学阿拉伯数字"1"。

李同学:小时候,我认为自己会魔法,从沙发上睡去,从床上醒来。长大后,魔法消失了。

Zyy:以前,我以为我爱的人都会爱我,我身边的人都是善良的。长大后,我发现这个世界上会有坏人,并且可能就在我身边,但好人多于坏人。我只希望自己能在经历中不断成长,永远不要对自己失去信心。小时候,我哭着吵着问我妈为什么我不能上《爸爸去哪儿》这个节目!!

丁同学:小时候,我认为每一个朋友都会是一辈子的朋友,可长大后,我发现友谊像是坐着列车四处穿梭,边上的人们随时都可能到站换乘。现在,我觉得自己正踏上一段一人的旅途,感到有点孤独。

韦同学:小时候,我会把床单披在身上走模特步。

徐同学:从小到大都有很多人说我奇怪,但我就是这样的!

黄同学:小时候,我认为喜欢是一句轻飘飘的"我喜欢你";但现在,我认为喜欢是一句沉甸甸的"一言为定"。

茅同学:小时候,我不喜欢睡觉,但现在我又睡不够。

肖同学:以前,我想拥有一种睡一觉就能记住所有知识的能力。

严同学:小时候,成为人群中的焦点是件很容易的事情,只要我足够优秀,能够超越身边所有人,就能得到大家的喜欢。长大后我发现,这种骄傲使得我永远学不会交朋友,从小养成的性格让我在人群中总是孤独的一个人。现在,我放下了这种高高在上的姿态才开始体会到友情的温暖,融入周围朋友们的欢声笑语。这种改变让我感受到真正的幸福。我希望自己也可以给大家带来温暖。

刘同学:(手握好几个白色气球)小时候,我想成为一个对社会有用的人,一个伟大的人,我想让所有人都知道我的名字,想要世界和平,没有争斗,想要这个世界变得洁白无瑕。我不仅想当勇士,我还认为我是救世主!因为我的存在,人们可以不再迷茫,人群不再拥堵,孤独的人会拥有陪伴,迷失的人会拥有方向。

长大后,我才发现这些都是幼稚的幻想。世界比我想象的要大,转得要快,我就像一滴牛奶滴入了黑墨水,窒息一般地被淹没。我感到混沌,我是谁,我为什么在这里,我的任务是什么。一个又一个疑惑向我脑中涌来。我想要寻找一个答案。

我看到人们的庸庸碌碌会无奈,看到人们眼中的迷茫会忧愁,看到争执和冷漠会感到失望,看到人们的妥协会愤怒,看到我曾经的理想变为一片泥泞时,我变得偏执、坚硬、冷漠、闭塞。我究竟是谁?

我将所有疑惑和烦恼放在白色气球里,紧紧握住,不愿松手。

我听到一个孩子的笑声,我想象着他的一生:

出生、降临、咿呀学步、长大成人、中年、暮年、离去。

这漫长的一生,会有许多未知,会有许多可能,我不需要一个标准答案,只知道我不愿盲从,不愿迁就,不愿伪装,不愿庸庸碌碌,不愿浑浑噩噩,不愿成为牵线木偶。我知道前路坎坷,我知道我要攀登高峰,我知道我会痛苦、会麻木、会失望、会孤独,但我也会欢笑、会兴奋、会做梦、会歌唱、会激动地手舞足蹈、会与他人热烈拥抱。

我想体验这世间一切真实的情感,它们是彩色的。我看着自己紧握在手中的白色气球,现在我觉得它有点空洞。它不再充斥着我的幻想和烦恼,而是包含着害怕紧张、是纯真、是希望、是孤独、是期盼、是梦幻、是柔软、是遗憾、是自由、是温暖。

（收集起来）

刘同学：是卸下外壳，是开始接纳，是心灵激荡，是回流，是张开双臂，是体验，是温暖，是爱——

所有人：永远不要失去勇气，

Zyy：要相信爱——

（全剧终）

2. 《灯塔》原创台词赏读

2024年度大戏同样以原创剧本作为探索方向，展现了以西南联大为背景的一段动荡不安的时代里知识分子的刚毅坚卓。选择以红色主题进行剧本创作，就能看到剧组同学们对那段历史与历史中仁人志士的深深致敬。而尾声片段的台词编组，更展现出涤荡人心的力量。

【剧本：尾声】

〔西南联大校歌铺在后面，灯渐亮〕

画外音：1946年5月4日，梅贻琦在结业典礼上宣布国立西南联合大学结束。7月31日，国立西南联合大学正式全面结束。

陈昕雨："在历史的长河中，我找到了自己的方向，西南联大的精神永远照亮我的前行之路。"

何昭琨：-台词"文字和知识是力量，它们能穿越时空，激励每一代人。"

汪曾祺：-台词"就算时代动荡不安，也能找到苦中作乐的方法。享受日常生活中的点点滴滴，闲适、平淡而又快乐地度过一生。"

梅贻琦：-台词："'刚毅坚卓'，这四个字不仅是联大的校训，也是我们民族精神的写照。让我们共同铭记，无论时代如何变迁。"

王文：-台词："为了和平，我们不惜一切，即使是生命。"

冯友兰：-台词："哲学是对智慧的追求，是对生命意义的探索。愿我们的思想之光，照亮未来的道路。"

任载坤：-台词："在这个动荡的时代，家是我们最坚强的后盾。我会一直在你身后，无论风雨，无论世事如何变迁。"

宗璞-台词："妈妈说过，每一本书都是一个新世界。我想把联大的故事，告诉每一个人。"

林徽因：-台词："建筑是凝固的音乐，是历史的见证。愿我们的校舍，成为后世永恒的记忆。"

赵忠尧：-台词："科学无国界，但科学家有自己的祖国。愿我们的科研成果，为国家的繁荣贡献力量。"

韩咏华：-台词："母亲的心永远伴随着你们，无论你们走到哪里，都不要忘记为什么出发。"

梅祖彦：-台词："保家卫国，不仅是战场上的荣耀，也是书桌前的坚守。"

吴素萱：-台词："教育是一盏灯，照亮学生们的心灵，引领他们走向光明。"

陈岱孙：-台词："经济之道，兴国之本。学术为国，知识为民。联大岁月，铭记于心！"

雷海宗：-台词："历史是最好的教科书，它教会我们坚韧与智慧，让我们在风雨中更加坚强。"

护工：-台词："岁月流转，但联大的故事和精神永远年轻。"

学生甲："我们肩负着历史的重任，也将创造自己的辉煌。"

学生乙："让我们以联大为荣，以行动为笔，续写新时代的篇章。"

［所有人上］

全体：位于西南的灯塔

　　　　永远伫立于历史的长河

　　　　它静静守望着远方

　　　　直至信仰的鲜花

　　　　开满山崖

［灯暗］

［幕落］

3. 学生参与感悟与颁奖词一览

伴随着十余年戏剧课程的探索与研发，无数学生在这一过程中留下了自己的演出感悟与成长体验。为此，我们曾设计了一份无记名调查问卷，征集十年校友参与戏剧课程的感悟。在这些分享中，我们能够发现他们的成长之路源出于戏剧，而回归于生活，能够直观地发掘戏剧课程之于他们的意义。

（1）学校的话剧课程为我繁忙的高中生活增添了一抹艺术的亮色，让我在过足了一把导演瘾的同时，对话剧等舞台表演形式产生了深厚的兴趣。更重要的是，它让我逐渐学会在生活中追寻艺术之美。那一段大家一起排练、一起演出的经历成为我铭记于心的珍贵回忆。青春因为话剧变得更出彩、更美好！

（2）学校的话剧课程是我第一次接触话剧。和小伙伴们一起研读剧本，体会每个人物的情感，倾听他们的故事。那段时间的课程，虽时间不长，但受益匪浅，使我在枯燥的学业之余能有机会走进文学，静下心去看、去思考、去感受。感谢学校话剧课程的平台，它教会我更细致地观察生活，毕竟，艺术源于生活。

（3）话剧经历全面提升了我的肢体表达和声音语调，让我践行了在有头有脸之前，要先"不要脸"的精神，"不"要自己为自己设限，"要"勇于面对他人眼光，"脸"面是靠自己争取的。通过无数次的排练和演出，我在众目睽睽之下收放自如地获得了自信。从此不惧任何大舞台大场面，"撸起袖子加油干"就完事了。

当时话剧开篇的台词"花有重开日，人无再少年"，我一直记到现在。这句话激励着我努力去更多的地方，做更多的事，见更多的人，让脚步告诉我方向。也因为学校的话剧课程，我养成了进剧场的习惯。在疲惫和困倦的日子里，剧场就像是一个寄托，那里同时存在着过去、现在和未来的所有时间。在那里，我总能收获自如而真实的感动、爱与自由。By the way，身边很多校友进了大学都投身剧社，参与舞台剧的演出。我本人也当了一年校话剧社的社长，参与了两部话剧的演出，还成为一部音乐剧的导演——这可以算是话剧课最直观的影响了。

（4）当年参与的《吉屋出租》是一个难度很大的剧本。它不是知名的人物传记或跌宕起伏的剧情故事，而是以一些小人物之间的互动，来反映世间的人生百态。因此，它的时代性很强，其中的内涵非常依赖于结合特定的社会背景去理解，也需要借此才能与观众群体之间产生共鸣，这对于当时的演员们和观众都是一个很大的挑战。就像前几年出来的小说《繁花》，它讲述了上海的 20 世纪八九十年代，我的父亲读得津津有味，而我却不知其妙在何处。当年看《吉屋出租》的剧本时，亦有此感。不过在老师和同学们的努力下，我们成功完成了演出。实际上，这次经历让我收获颇丰：在此之后，欣赏异文化的文学和艺术作品时，每每遇到难懂之处，就想起要去了解其所处的各种背景，其意义便了然；另外，对不同的文化和价值观，不甚赞同者，也会多加一分理解和包容。

（5）被选入话剧是学校送给我的一份大礼，也是我在学校六年里最珍贵的回忆之一。在三个多月的时间里，我与不同班级、不同年级的陌生同学相互磨合，从仅仅是合作关系变成了熟悉的朋友，其间有过辛酸，有过被导演或老师指责，但现在回想起来，这些都是无与伦比的体验。话剧的经历仿佛为我打开了另一个世界的大门，让我感受到了戏剧的魅力、舞台的魅力，让我更勇敢地去尝试新事物，也让我学会更好、更有效地合作和交流。我衷心希望学校话剧能继续举办下去，走过第二个、第三个十年，期待更多的学弟学妹在其中收获快乐与充实。

（6）对我而言比较特殊的是，我在加入剧组之后也经历了角色的转变，从表演到创作，从台前走到幕后，最终找到了自己真正适合和热爱的位置，并在那里为整部剧作出了微小的贡献。现在想想，这样一种奇妙的转变其实并不是特别平常的，也并不是在任何地方、任何机遇之下都会发生的。因为它意味着你的不足可以被包容，而你的闪光点一定会得到挖掘和尊重。所以说，这段经历让我更好地认识了自己，让我对"自我实现"这个远大的目标有了更大的信心，也让我对学校产生了更多的爱和感恩。

（7）我那时候是选修课，本来去美国错过了选角，但运气好进组做了候补，排练了一阵子后当了 B 角，非常幸运。通过这次经历，我受到了深刻的影响。首先，我学习到了制作一部剧的整个流程——导演、后勤、编剧、演员、后期、场务等缺一不可，每个环节都非常重要。同时，我对剧本和舞台效果有了更强的意识，以后再参与小品、心理剧等活动时更注重台词的生活感和舞台观感，比如灯光、布景和走位等。其次，我交到了一群很不错的朋友，看平时很"糙"的男孩子哭还是挺神奇的事情，女孩子们都特别可爱，真的很有家的感觉。最后，在台词功底和话剧基础上，我获得了一些知识，也让我知道我能在艺术方面做一些事情。大学去社团面试的时候，我没有那么胆怯，因为我可以自豪地说："b 站上有我的作品哦！"虽然我演技平平，但那种自豪感是真实的。最后，我想给小朋友们留一点祝福：上台以后就是角色的生活，生活中会遇见意外是很正常的事情，如果出现一些小问题，请相信自己，也相信周围的演员们，一定可以很漂亮地圆回来的！加油！

（8）学校话剧留给我最深的印象是，这样一群人出于对戏剧纯粹真切的热爱而相聚，刻苦排练只为打磨一场完美的演出。在舞台背后共同挥洒过的汗水以及演员之间如大家庭一般的温情是难以忘却的。同时，话剧排练给我提供了一个在台上沉醉戏中或喜或悲或嗔或痴、随戏中人物的心绪而流转，跳脱开平时寻常生活而穿越到另一时空的契机。在戏中，我们可以抛开凡俗生活所有的羁绊和顾虑，不必在意他人的眼光，只凭借真诚的内心对戏剧作出自己的诠释。而表演时同戏中人物命运息息相关的感受、深入灵魂的理解与共鸣，以及帷幕落下后对人物命运的沉沉思索，让我对原著、对社会和生命有了一些更透彻的感悟。虽然那是前年演的话剧，我能肯定，话剧难得的体验是人生中无法磨灭的记忆。

除此之外，在 2024 年大戏《灯塔》的话剧欣赏课程环节，学生基于"戏剧人生"学养课程评价标准创作颁奖词，以学生互评的方式进一步提升核心素养。这些文字档案的留存也展现了戏剧课程在学科德育方面的价值和意义。

（1）陈听雨/陈念儒是本剧的灵魂，作为舞台经验并不丰富的现代高中生，要把这个角色塑造好是一份极具挑战性的任务，但你不负众望地做到了。这正是因为你始终以一丝不苟的态度与赤忱热烈的情感对待"陈听雨/陈念儒"这一角色，以自己的理解、情感、创造给角色注入了灵魂。不论剧目产出遇到多大的困难，受到多少质疑，你依然沉稳不惧，肩负重任，挑起大梁，你的表现正如当年西南联大的青年一样，展现出坚韧不拔的精神和勇于担当的气概。

（2）你对何昭坤的精彩演绎给观众留下了深刻的印象。你所诠释的何昭坤在民族危亡之际展现出了非凡勇气和坚定信念，令人动容。这种内心的力量和精神的高度，无疑是你精湛演技和深入角色的理解所带来的。作为戏剧社的副社长，你以自己丰富的演出经验，细心地教导其他演员，并对剧本和调度提出专业的建议。你对戏剧的热爱和专业的精神将如星星之火般感动更多同学。愿你能够保持对戏剧的热忱之心，在舞台上继续绽放光彩。

（3）你能够对于自己所饰演的角色进行透彻的研究，每个角色都富有你个人独特的色彩与深度思考。你的台词功底深厚，呈现的汪曾祺张弛有度，生动有趣又不失一位文学大师的深度。你所饰演的陈岱孙则儒雅冷静，颇有生活意趣。感谢你将两位热爱人生百态的大师带到了舞台上，令人难忘。

（4）你虽没有在舞台上大放异彩，但却是大戏《灯塔》的压舱石。剧本有瑕疵，你便带领同学们集思广益，群体创作，反复打磨；剧组表演停滞不前，你就协助老师组织同学们有序排练，沉稳干练；大戏表演感染力不足，你默默地在后台自主编排灯光，加强舞美设计，推陈出新……为人低调、行事靠谱、稳中求变的你是剧组的"定海神针"。

（5）从《回溯》到《灯塔》，从戏剧演员到剧社社长，是你两年间的突出贡献。你的努力让学校话剧走进了"原创"的世界，书写了实验戏剧的新篇章，而你也在其中慢慢成长。本次大戏中，是你一次又一次地陪着演员加班加点；是你组织协调让剧组人员各司其职……联大校训"刚毅坚卓"于你而言并非一句空洞的口号，而是指引你行动的标杆。

（三）戏剧课程课例分享："《复活》《雷雨》对谈"学科德育活动课例

1. 教材分析

部编版教材选择性必修上册第三单元对应"外国作品研习"任务群，人文主题为"多样的文化"。课程标准指出："本任务群旨在引导学生研习外国名著名篇，了解若干国家和民族不同时期的社会文化面貌，感受人类精神世界的丰富，培养阅读外国经典作品的兴趣和开放的文化心态。"本单元共有4篇课文，在教材编排上各自独立成课，呈现出迥异的创作特点。在教学要求和重点上都各有特点，但都是对国家和民族不同时期的"社会文化风貌"和

"人类精神世界"的综合体现,引导学生了解世界面貌的多样性,并深入理解人类文明与文化的丰富内涵。

《复活(节选)》是本单元的第 8 课,是俄国作家托尔斯泰于 1889—1899 年创作的小说。课文节选部分主要记述了男女主人公走向"复活"的心路历程,通过大量的人物心理描写,集中展现了人物在精神上的艰难探索与蜕变。学习本文,学生不仅能够依托小说情节理解男女主人公在精神、心灵和道德上的复活过程,还能够对"兽性的我"和"精神的我"加以深层思考,从而探讨人性中的善与恶这一全人类共通的情操与精神。

正如习近平总书记所指出的:"我们要共同倡导尊重世界文明多样性,坚持文明平等、互鉴、对话、包容,以文明交流超越文明隔阂、文明互鉴超越文明冲突、文明包容超越文明优越。"在德育层面本课引导学生基于俄国现实主义小说,领悟人类精神的复活,联系社会现实,深入理解人性与道德,这是超越文明多样性而存在的人类共性话题。学习本文时,其一,要从理解小说人物形象与心理出发,理解"复活"的内涵与时代意义;其二,可以设计学习活动,从文本延伸,形成跨文化的文本阅读和理解,探讨"复活精神"在人类文明传承上共性的价值。

2. 学情分析

(1)从学科视角来看,在语文学科方面,选择性必修上册第三单元的选文均为外国小说。学生在高一年级已经学习过"小说"单元,对小说的阅读方法基本熟悉,能够自主从人物、情节和环境的角度品评小说内容与主题。但是,这是学生第一次接触"外国作品研习"单元。作为学习阶段的中国读者对于阅读外国文学时会触碰到的文化与时代隔阂该如何应对和突破,是非常陌生的。因此,本课堂设计了"比较文学交流剧场"的情境,引导学生在形象化与生动化的东西方文学比较中,更好地理解世界文学,同时也更深入地理解本民族文化。在学习《复活(节选)》时,我们引入了比较的《雷雨》片段,这是选择性必修下册的课文,学生们对此文有基本的认识和理解。

(2)从德育视角来看,处于当下多元文化环境下的学生,可能会存在因文化差异而生成的误解,网络上许多非理性的、偏激的文化观点也会对学生的思维品格产生影响。此外,学生处于高二阶段,尚未完全打开国际理解的视野。从其平时习作中就会发现,他们的观点大多单薄、局限,缺乏对世界文化多样性更深刻的理解,很难通盘把握不同文化的特性与共性这样的认知基础,自然很难跨越单一的文化特性构建跨文化思考,更遑论理解人类共同发展的精神。

因此,借助于《复活(节选)》来巧妙设计学科德育活动课程,有助于学生重新审视本土文化和世界多元文化,从内与外的双重角度理解"复活精神"。更重要的是,通过体会"复活精神"背后的全人类对人之精神与道德的叩问,学生可以获得更深层次的文化理解和道德启迪。

3. 德育指向

1) 德育目标

一级德目:国家意识。

二级德目:国际视野。

育德点:引导学生了解世界多元文化,尊重多元文化;坚持主导性,尊重多样性;强化对文化多元接纳的意识和态度,同时涵养关心人类共同发展的情操。

设计"《复活》《雷雨》对谈"学科德育活动课,让学生在观演互动、对谈沟通的过程中理解跨文化语境下的"复活精神",深刻领会"复活精神"在人性自我剖析上的重要意义。学生通过学习并阐释俄国文学和中国近代文学作品中的"复活精神",理解不同文化语境下的文化特性,更理解其背后人文精神的共性,从文化角度形成关心人类共同发展的视野和情操。

2) 释义

《复活(节选)》作为俄国 19 世纪现实主义小说,其创作深具强烈的时代特性。对文本中"复活精神"内涵的解读,如果缺少对俄国社会文化的了解,便难以形成真正的理解。然而,这并非是一种孤立的文化精神,从人性复活到社会重生的路径,关乎人类对道德和精神的疗治。因此,在学习本文时,设置"跨文化交流"的语境,并设计相应的学科德育活动,有助于学生了解世界多元文化的特性与共性,同时涵养其关心人类文化精神的情操。

4. 教学重难点

教学重点:在观演互动中,深入理解《复活(节选)》和《雷雨(节选)》的人物形象与主题思考,提升学生对"复活精神"的理解和领悟。

教学难点:在观演互动中,深入品读不同文化语境中的差异,提升学生的跨文化理解素养。

5. 教学目标

1) 知识与技能

(1) 了解小说与剧本在文体表现与表达效果上的不同之处。

(2) 查阅相关资料,了解《复活》和《雷雨》的创作背景。

2) 过程与方法

(1) 通过将《复活(节选)》改编为课本剧,学生可以更深入地理解人物形象,特别是辩证看待聂赫留朵夫的"忏悔"精神。

(2) 通过比较《复活(节选)》与《雷雨(节选)》,学生可以拓展性地理解不同地域、不同时代、不同语境下的精神思想。

3) 情感态度与价值观

(1) 结合不同文化语境理解"复活"的内涵,学生能拓宽视野,理解人类精神自我救赎的人文精神。

(2) 理解世界多元文化的特性与共性,深刻体会"复活精神"背后的意义与价值,关注人文精神的传承。

6. 学科德育活动过程

1) 情境导入:播放前期回顾,活动预热;介绍活动主题、活动内容流程

【学科德育设计意图】教师和学生共同进入情境——"比较文学交流剧场"。在学科方面,比较阅读是一种符合新课标要求的较为新颖的阅读学习方法;在德育方面,它有助于学生深入情境,在体验中涵养理解与品性。

2) 观演互动(理解人物,比较人物)

(1)《雷雨(节选)》改编英语课本剧观演互动。

a.《雷雨(节选)》舞台展演。

b. 表演点评及人物赏析。

采访演员对其演绎人物的理解、邀请观众点评表演,分析人物形象。

明确:鲁侍萍、周朴园的人物形象。

(2)《复活(节选)》改编中文课本剧观演互动。

a.《复活(节选)》舞台展演。

b. 表演点评及人物赏析。

邀请学生观众点评表演、采访演员对演绎人物的理解,分析人物形象。

明确:从演绎方式的角度理解玛丝洛娃、聂赫留朵夫的人物形象。

(3) 两部作品主要人物的比较总结。

采访改编剧作的钢琴伴奏与配乐设计者——从音乐设计的角度总结两部作品人物关系。

【学科德育设计意图】在学科方面,观、演及互动交流能够更好地帮助学生深入理解《复活》《雷雨》中的主要人物形象;在德育方面,观演活动能够使演员更沉浸式地体会作品角色的精神,也使观看演出的同学能够投入地思考故事的精神内核,并且在中俄两个相似的故事模型中体悟到文化差异性和人类精神的共通感。

3)《复活》《雷雨》对谈

(1) 议题一:如何评价两部作品的改编?

a. 学习活动一

从中文到英文的改编,存在语言文化的矛盾,你如何评价《雷雨(节选)》改编剧本?(或:英文改编剧本和教材有何区别?)

预设角度:文本翻译、出场人物差异、内容表现形式差异等。

小结:①翻译的"信、达、雅";②尊重文化差异,克服文化冲击;③用英语说好中国故事。

【学科德育设计意图】在学科方面,学生通过比较改编作品和原作品,可以更深入地理解原作品,了解戏剧改编的要点;在德育方面,学生通过亲身体验中文故事的英文创作与演绎,理解了文化交流过程中直面的文化差异问题,并实践如何用英语说好中国故事。同时,在此基础上,逐渐领会到即便言语不同,共性的价值与精神仍然可以形成沟通与共鸣。

b. 学习活动二

从小说到剧本的改编,存在文体差异的矛盾,你如何评价《复活(节选)》改编剧本?

提问:改编剧本中令你印象最深刻的是哪一部分? 为什么?

预设角度：对抗部分、小说中的心理活动描写和环境描写在剧本中的呈现、主人公的对话差异、次要角色的戏份差异等。

小结：①剧本物理时空受限；②剧本内容表现形式受限；③突出矛盾。

（2）议题二：如何看待《复活》《雷雨》同类"始乱终弃"故事的不同走向？造成其差异的原因是什么？（两分钟讨论时间，小组交流分享）

参考角度1：作品的写作时代特点。

参考角度2：作品所处的文化语境特点。

参考角度3：托尔斯泰和曹禺的生平经历与创作思想。

……

（3）延伸/小结，基于比较阅读，怎样理解两部作品的思想主题？

明确：《复活》和《雷雨》都关注了人在社会中的困境，但基于不同的时代、文化与思考，给出了不同的解决路径。

【学科德育设计意图】在学科方面，学生通过比较阅读，可以更深层地理解作品的创作时代、文化特点、作者的思想理念，并且理解作品背后共性的人文主题；在德育方面，学生在交流与讨论过程中，深入领会不同文化语境下人的困境，并且体悟到精神的复活是共性而永恒的命题与追求。

4）课堂总结

（1）朗读片段，深化感受（《复活》片段、《雷雨》自序）。

（2）教师总结1（要点）：戏剧活动、文化差异（英语）。

（3）教师总结2（要点）：思想主题、学习世界文学的意义（中文）。

总结语：相似的故事，却有不同的走向，这是差异化的民族心理、时代背景与作家哲思所造就的——立足于多样化的世界文学之林，我们看到人类精神世界的丰富。两位作家都清晰地看到了社会与人的问题。托尔斯泰在《复活》中，以自我救赎的方式完成个体精神的复活，并以此遥望一个民族、一个社会的"复活"。而怜悯着社会中的人的曹禺，只有通过打破一个旧世界，来呼唤一种"重生"式的"复活"。

在此意义上，两个故事实则是同源异形，殊途同归的，它们源出于对人类生存的叩问，最终回归于对"复活"精神的共同渴求。这也正是阅读世界文学的深层意义，我们不断体验多样性的人类文化，也不断收获着放之四海而皆准的人文精神。

【学科德育设计意图】在学科方面,学生在朗读共情和教师总结中,再次明确作品的主题,并能够理解比较阅读的价值和意义;在德育方面,这种设计也引导学生了解和尊重世界上的多元文化,在学习中涵养关心人类共同发展的精神意义。

7. 作业设计

将《复活》《雷雨》放在世界文学的谱系中,比较俄国的玛丝洛娃、中国的鲁侍萍、法国的芳汀(《悲惨世界》)、英国的苔丝(《德伯家的苔丝》)的人物形象。结合这些被侮辱和被伤害的女性悲剧命运,探究造成她们不幸的社会根源,完成不少于 400 字的比较分析。

【学科德育作业设计意图】

(1)本项作业的学科目标是,让学生在分析更多文化背景中与《复活》《雷雨》相似的故事创作,强化他们对于作品主题的理解,以及结合时代背景、文化背景分析作品内容的能力。

(2)本项作业的德育目标是,进一步强化学生对于世界多元文化的理解与尊重。在理解差异性的同时,更要捕捉精神意义上的道德共性。坚持主导型,尊重差异性,培养他们综合的国际视野。

8. 板书设计

```
《复活》《雷雨》
同源异形,殊途同归
人性复活——社会重生
```

三、活动课程示例:综合德育活动项目

以下以学校综合德育活动项目"国之重器与人才培养"为例进行说明。

1. P(Problem):驱动性综合问题

描述要点:

(1)提出总体问题:如何成为国家与社会需要的创新人才?

(2)解决的总体思路:通过聆听讲座与现场观摩,引导学生从感性与理

性两方面认识成为创新人才的必要性与途径,激发其为国奋斗的信念。

2. A（Activity）：综合德育活动体验

描述要点：

（1）活动主题："智"造重器,"匠"领时代

（2）活动中解决的具体问题：

① 民族工业与科技有哪些前沿领域?

② 为何要提倡工匠精神?

活动概述：

（1）活动目标：①了解民族工业与科技的前沿领域;②认识工匠精神的价值

（2）参与对象:学校高中 2023 届 6 班全体学生。

（3）活动过程：

① 学生抵达临港新片区科技基地,实地考察智能网联汽车的调试区域。

② 学生聆听关于智能车辆的讲座,了解目前实验中探测周围路径的两种基本方法,以及两种方法各自的优点与意义。

③ 学生近距离接触智能网联巴士,了解探测器械的优劣与作用。

④ 学生抵达上海飞机制造有限公司飞机装备制造基地,参观车间工作环境,并观察无人车间工作情况,体会其高效与便捷。

活动作业：

（1）选择活动中印象最为深刻的一点,写下自己的感受。

（2）以本次活动为例,写下对于工匠精神的认识。

活动成效要点：

（1）了解改革开放以来国产智能车辆、大型飞机的发展现状、趋势,以及面临的难点。

（2）感受大国工匠的工作环境与成果,认识工匠精神对推动改革开放、促进国家发展的重要性。

3. S（Subject）：学科探索

描述要点：

1) 教学中要解决的具体问题

（1）何为创新人才？

（2）如何成为创新人才？

（3）为何要成为创新人才？

2) 教学简介

学科：特需通识课程。

课程类别：特需通识课程。

年级：高一。

学期：第一学期。

教学内容：首先，介绍创新人才，包括人才与创新的定义、创新人才所必需的要求、成为创新人才的途径方式，并延伸到高中生当下应当如何做到学业和研究相结合。其次，简介集成电路，包括半导体与集成电路的定义、发展历史、集成电路的生活应用，以及集成电路发展现状与学子的使命。

课时：1。

3) 教学设计概述

创新人才简介：

（1）说明人才与创新的定义，罗列创新的种类。

（2）援引钱学森"创新人才之问"，说明创新人才必要的要求。

（3）学生讨论，归纳成为创新人才的途径与方式。

（4）介绍结合学业与研究的方式。

半导体简介：

（1）区分半导体、集成电路、微电子与芯片等概念，并简介半导体发展历史。

（2）结合学科知识，说明电路设计的基本概念。

（3）介绍世界和国内著名半导体厂商，罗列芯片在生活中的应用，体现该领域的重要性。

（4）说明集成电路的现状、难点，引出相关从业者的研究任务。

（5）说明在这一大背景下，作为学生的使命。

4）教学效果

要点：对解决问题的回应。

（1）了解创新人才的定义与要求。

（2）明确成为创新人才的途径与方式。

（3）认识当下最紧迫的使命，体会成为创新人才的必要性。

5）关系阐述：活动与教学

描述要点：找到联系点。

（1）找出所开展的教学内容与活动内容之间的育人关系。

学生在思考如何成为改革开放所需的创新人才这一宏大的问题时，需要兼具理性与感性的认识。现场参观智能汽车生产车间与大型飞机制造基地，有助于引导学生从感性上体会到我国工业和科技的发展现状、大国工匠的工作成效，激发其立志成为创新人才的信念；特需通识讲座专门针对创新班的学生，从理论高度解释创新人才的概念，能够引导学生认识到成为创新人才的途径与方式，以及在当下的针对性与必要性，从而强化信念，坚定志向。

（2）将总体问题分散到课堂教学和德育活动中，分别采用不同的路径去解决。

课堂教学（特需通识讲座）重在解决概念与理论问题，并结合改革开放以来科技发展与国家竞争的时代背景，凸显成为创新人才的迫切性；德育活动（实地考察）重在提供感性体验，既展示国家现代化工业生产的成果，也展示改革开放以来国家所取得的瞩目成就，同时指出发展难点，帮助学生树立成为创新人才的信心。

4. S（Success）：成果与成效

描述要点：形成能印证成果的具体事物，包括照片、视频等（照片做好活动场景、具体人员的标注）。

四、活动课程示例：思想在高飞

（一）活动设置依据

部编高中语文教材明确提出整本书阅读的要求，并强调加强学术论文写作的引导。

1. 整本书阅读要求

新课标和老课标不同之处在于——"整本书阅读"被提及为一个明确的概念。

在实践中,笔者亲历过许多整本书阅读指导。通常认为,《乡土中国》需要 4～6 课时、《红楼梦》需要 12～14 课时。但是,这种安排往往只覆盖了课内选段部分的"阅读与研讨",根本没有贯彻"整本"。扪心自问,谁读《红楼梦》只花十几个课时? 如果我们要真正扎实推进名著阅读,就必须师生一起共读促进。可以通过分小组、选重点、分层推进等方式切入阅读,但是只要有反馈的阅读,就不可能在短短几节课内就结束,必须教给学生阅读的方法、鼓励他们静静读书、慢慢读书、保质保量地读书。

整本书阅读是学生整体能力的飞跃,具体体现在以下几个方面。

（1）思辨能力培养。学生需要通过分析和评价文本内容,准确理解文本的逻辑关系,从文本中找出依据和证据,进行推理和判断。此外,学生还应"知人论世"地思考文本背后的意义和价值观,发现文本中的隐含信息。

（2）跨学科阅读能力。学生需要阅读和理解不同学科的文本,包括人文社科、自然科学等。传统的知识点平面结构无法满足整本书阅读的需求。学生必须通过"知行合一"的方式,对知识进行整合和应用,以全面和深入地理解文本。

（3）文学鉴赏能力。人文学科的高度在于最终要达到圆融的境地。通常,这意味着在形成逻辑自洽之后,要走出"小我",提高文学鉴赏能力。直接作用是帮助学生理解文学作品的艺术价值和文学性;间接作用则是由此及彼地认识世界、鼎立真善美。

（4）信息获取和处理能力。高中生必须能够迅速准确地获取和处理信息,通过阅读文本来获取所需信息,并整合和归纳不同信息,形成自己的理解和判断。这本身是信息时代阅读的关键,它涵盖了从搜集、理解到应用信息的全过程。最终,要求个体具备敏锐的观察力和提问能力,能够主动地去发现信息,并制定相应的检索策略,从海量的信息中准确地找到所需的内容。就个人的成长而言,这有助于打开视野、有效组织信息。同时因为在实际应用中,各类信息往往相互交织、共同发挥作用,因此,表面上看来是处理信息的能力,其实它有效培养了解决复杂问题个体如何借助团队力量来验证其假设或解决方案,并最终应用和解决问题的能力。

(5)阅读方法和策略。主要包括预测、联系、总结、质疑等,以提高阅读效率和准确性。

(6)阅读规划与选择。新课标将"整本书阅读"纳入学习任务群,并保证其在课堂中的时间安排。教师应指导学生根据自己的兴趣选择合适的图书,制订阅读计划,并配合必要的阅读形式(不能仅仅以"看过"代表"读过"),逐步成为一个独立的阅读者。

(7)阅读要求递增。各学段的阅读要求逐渐递增,从"尝试阅读"到"初步理解主要内容",再到"把握主要内容",最后"建构阅读整本书的经验"。也就是说,从高一到高三年级,要有阶段性任务,不能一概而论。

2. 学术论文写作引导

从核心素养的角度看,高中语文学科的核心素养包括"语言建构与运用""思维发展与提升""审美鉴赏与创造"以及"文化传承与理解"。这些核心素养对写作的整体要求有着明确的指向,其中"审美鉴赏""思维提升""创造"与学术论文写作密切相关。因此,可以理解为什么部编高中语文学术论文写作课标专门设置了相关的学习任务群来进行指导和规范。

《普通高中语文课程标准(2017年版2020年修订)》设置了18个学习任务群,其中与学术论文写作相关的有"文学阅读与写作""思辨性阅读与表达"等。这些学习任务群旨在通过具体的阅读和写作实践,提升学生的学术素养和写作能力。

可见,部编高中语文学术论文写作的课标设置是全面而严格的,旨在通过具体的学习任务群和实践活动,提升学生的学术素养和写作能力。这些设置不仅符合高中语文教学的实际需求,也为学生的未来发展奠定了坚实的基础。在实际操作中,部编教材高中语文对学术论文的要求是踏入高等教育前的有效实践和先行,其大方向与学术论文要求一致。以上海高考改革要求为例,上海综评研究性学习是上海高中生综合素质评价的必填部分,对学生的毕业和升学具有重要影响。其要求每位高中生必须在高中阶段完成研究性课题报告,这一部分占综评面试分数的比重较大,关系到学生的毕业和升学,并对高校的招生录取有重要影响。

梳理相关要求后发现,研究性课题报告其实就是学术论文写作的高中"简版要求"。如字数要求和引文规范。研究性课题报告需达到一定的字数要求(如7 000字左右)。

(1)时间保障。建议在高二下学期进行,不晚于高三上学期完成,以确保有充足的时间进行研究和撰写报告。事实上,根据我们多年的指导经验,学生要顺利完成这一任务,通常需要从高一下初识、高二上选题、高二下撰写,至少需要一年半的时间,否则就相当仓促和流于浅表。

(2)上传要求。完成后需要在指定平台——上海市普通高中学生综合素质评价信息管理系统上传,实验性示范性学校一般还要求学生统一在骑月网(官方认可的研究性学习认证平台)提交研究成果,并进行市级答辩,答辩通过者,方可获得认证资格证书,对该生的"论题真实有效""研究过程真实可信"给予认可。

可见,高中阶段引导学术论文写作与人格养成之间存在着密切的联系。学术论文写作不仅是知识传授和学术技能培养的过程,更是人格塑造和品德锤炼的重要途径。学生在进行学术论文写作时,会顿悟到做学问要求严谨、求实的学术态度,这有助于培养学者的诚信意识和责任感。在这个过程中,我们很多教师感慨道,及早引导学生认识到在学术论文写作中,必须遵循学术规范,引用文献时要注明出处,严格禁止抄袭和剽窃,这要求学生具备高度的自觉性和自律性。

这种自律性不仅体现在写作中,还会影响到日常生活和人格养成,促使其成为一个有责任心、有担当的人。

进一步讲,学术论文写作需要深入的思考和独立的见解,这有助于培养拔尖创新人才的思维品质。

个人认为,学术论文写作还需要良好的语言表达能力,这主要通过提升逻辑思维能力来实现。尤其是在互联网时代,年轻人平常习惯了在线上用热梗和表情包聊天,但到了线下聊天、工作汇报等场合,却很容易忘词,心里有想法嘴巴却跟不上脑子,写作中常常出现提笔忘字、词不达意的情况。但是在学术论文中,学者需要清晰、准确地表达自己的研究成果和观点,同时还需要与他人进行学术交流和合作。这种语言表达和沟通能力的训练,对于严谨的逻辑思维形成和良好的人际关系养成均有效。

(二) 活动设置要点与反馈

以下根据上海市实验学校十年的实践与笔者本人的写作指导经历,归纳活动设置情况如下。

1. 设置要求

1) 时间安排与本校课程规划匹配

基于每一个学生与众不同的个性特征与智慧潜能,绝大多数高中都会在国家课程的基础上进行有效的课程探索与实践,具体而言就是校本课程的实施。上海市实验学校要求高一学生进行整本书阅读批注式学习(以《乡土中国》或《国学的天空》为例);要求高二学生小组合作进行整本书阅读,包括知识点梳理,这个过程中就可以挑选出明显有写作天赋和深度阅读能力的学生(以《红楼梦》和《复活》为例)。"思想在高飞"这个活动,经过多年的实践发现,往往是在高三——大众常认为没有时间读书的时候——开花结果。

必须注意:整本书阅读是基础,学术论文写作的过程是自我反思和自我提升的过程。

2) 做好前期准备工作

高二下必须在年级层面上进行有意推荐和有效选择,预设好高三的活动设计大纲。就整本书阅读的难度而言,最难的是高二上的小说单元,比如《百年孤独》、古文的专项单元设计、《红楼梦》以及明清小说的综合阅读。这些活动需要培养三类不同的学生:第一类学生对文艺有天才的感悟,能够对词语进行多层释义;第二类学生一般是古诗文竞赛的选手加上写作能手;第三类往往是有延伸阅读能力的学生,阅读范围不局限于人文学科。

定好主题后可进行统一培训和讲座要求。

这里关乎教师团队要认识到环境是影响个体创造性的重要因素。个体创造性发展的环境因素可初步归纳为两大类别:一是校园文化层面的因素,如办学指导思想、规章制度、物质环境、校园活动等;二是课堂教学相关因素,如教师素质、教学策略、课堂气氛、人际关系等。通过对师生进行访谈,分析访谈内容发现,丰富的特色课程也是较受关注的因素。因此可以肯定,"思想在高飞"作为高三特色课程,暗含贯通式培养的校园文化,是一种潜在的教育力量,在创新素养培育中起着引领作用。用三年的时间孵化良好的课程环境,这是学校教育活动的核心,在创新素养培育中发挥着支撑和保障作用;毋庸置疑,教学是学校教育的主体活动,是创新素养培育的主要途径,教学环境的营造是落实创新素养培育的基础。

2. 活动内容

学校具体活动设计内容如表 5 - 2 所示。

表 5 - 2 "思想在高飞"活动设计具体示例

开始时间	完成时间	完成项目	主题	难点	参与学生	参与教师
2016.08	2017.04	*《圆圆传》评注 * 知识分子的挣扎:《围城》到《百年孤独》 * 共情与同理:红楼一梦	"士"之我见	旧教材,只能泛选主题	提高班	全体
2021.10	2022.04	《红楼梦》阅读班级公众号	只眼看红楼	角度泛	文科竞赛生为主	部分
2022.08	2023.05	*从回目看长篇章回体小说 *从笛卡尔开始闲谈哲学 *从拉丁美洲的风云变化回看孤独	"孤独"	点评	全体	全体
2023.10	2024.05	对世界和自我的想象: *祛魅和建构:黑格尔和马克思 *你觉得的青春:约翰·克里斯朵夫 *俄罗斯百年文艺三痛苦:如何复活	"青春"	教师知识储备不足,外请专家	全体	全体

3. 活动总结

根据事后学生调查问卷,2017 届、2023 届、2024 届学生的参与度高且普遍认为成功。通过这些实践,大致摸索出来一些经验:

字数。学生脱稿演讲能力有限,不可能全部脱稿。所以学术论文写作的基本要求是 5 000 字,主讲学生大概需要 20 分钟,评讲学生需要 5 分钟。

人员。一个讲座通常为 40 分钟,包括主讲学生、评讲学生、教师评价等 3 人,以及不可控的学生交流环节。

方式。必须以学生为主体,教师为引导。主讲学生除了讲解指定的这本书以外,必须要有其他相关阅读和大量的资料收集。评讲学生和主讲学生在模稿过程中需要保持同频共振。

建议。教师可以根据学生的讲稿进行同义词作文专项指导。整本书阅读绝不仅限于课本内书目,也可以进行读书节整体活动设计。另外,要有专业教师的储备,因为一般的中学语文教师可能难以指导拓展阅读。

难点。教师必须破除对课堂的固化认识,走班和双向选择是个性化时代的发展大方向。一位教师如果只上过以班级为固定单位的课,其实他的控班能力和教学延展能力都非常有限。教师必须破除"懒教"思想,照本宣科或者拉张卷子即为一节课的授课方式是教学不思变革者的懒惰表现,指导学生做讲座的备课量远高于教师自己做讲座,是从代数级别到几何级别的陡增,但是效果远非常规教学可比拟。

这个课程开始 8 年后,我们有意识地将这种方式拓展到校园节庆文化,比如在科技节中让学生为教师作讲座,反响非常好。

4. 活动效果

1) 拔尖创新人才培养的德育有效路径之一

拔尖创新人才不仅是在某一领域或多个领域内具备卓越的创新能力、领导力、批判性思维能力的人,更是要拥有高尚的道德品质与社会责任感等综合品质的人。上海市实验学校一直致力于拔尖创新人才的早期识别与贯通式培养的探索,《中国基础教育》2024 十大区域创新与十大学校经典案例中,特别提到中小学生创新潜能识别与培育的实践模型建构之实验学校模型,即要从校园文化建设、课程环境优化和课堂环境改进三个方面探寻落实创新素养培育的实践路径。这种实践为识别学生的创新潜能和落实学生创新素养的培育提供了科学依据。可见,德育是人才之本。

2) 批判性思维能力养成的有效方式之一

高尚的道德品质与社会责任感的培养,能够使青年人不仅关注个人成就,更重视社会责任和道德操守,致力于将个人才能用于造福社会、推动人类进步的事业中。

以下是活动亲历者的讲述和讲稿实录:

＊202305 成律(2014 届毕业生)

我特别为大家朗诵这段文字:"如果我们选择了最能为人类而工作的职业,那么,重担就不能把我们压倒,因为这是为大家作出的牺牲;那时我们所享受的就不是可怜的、有限的、自私的乐趣,我们的幸福将属于千百万人,我们的事业将悄然无声地存在下去,但是它会永远发挥作用,而面对我们的骨灰,高尚的人们将洒下热泪。"(马克思:《青年在选择职业时的考虑》)

我希望同学们延展阅读以下作品:

马克思:《德意志意识形态》(节选)

葛兰西:《狱中札记》(节选)

马克思:《关于费尔巴哈的提纲》(节选)

鲁迅:《论"第三种人"》(节选)

马克思:《1844 年经济学哲学手稿》(节选)

基于这次讲座,我告诉同学们:马克思主义哲学并非一种孤立、僵化、死板的教条,而是处在不断发展之中的理论体系。作为一种分析问题的方法和视角,它系统性、结构性地审视我们所生存的世界,并对许多看似理所当然的固有认知进行解构和祛魅。在某种程度上,对马克思主义本身也需要进行"祛魅",即不能用教条主义、本本主义的眼光,将之看作高高在上、远不可攀的字句。正如习近平总书记所言,"对待马克思主义,不能采取教条主义的态度"。要让这种哲学、方法和视角走入我们的生活,指导我们去解决具体的问题,并在解决分析问题的过程中更系统、更立体地审视这个多元、复杂而不完美的世界,进而认清自己在这个世界中所处的位置、所要做的事情,系好人生的第一粒扣子。

202305　卫宇珊(2023届高三学生)

我的点评首先回应讲座:无可摆脱的孤独。

你可能认为"孤独"意味着禁锢、挣扎、悲哀,是的,以旁观者的视角来看,当结局已经注定,这种梦幻的荒诞却更显得像是戏中人最努力而无力的挣扎,每个人都在自己的命运道路上独自行走,渴望寻找出路,却像深陷沼泽后的徒劳,越用力越会加速陷落,令余下的家人被孤独侵蚀得越快。

当唯一的亲情温暖只是为了渲染悲壮结局时,一种同样的悲哀感总会席卷我的身躯。为什么强调家族?因为家族象征着一切情感的集合(在《百年孤独》中这种结合尤其紧密),代表着人的降生与回归。而当我们所熟悉、所不舍的一切都被拉入这场既定的悲剧当中,无论我们怎样试图去改变、去拯救(也许我在游戏中可以为主角解开谜题,在书本中可以提前预知即将发生的事情),却永远无法阻止,甚至会加速它滑向死亡与孤寂的深渊。我们只能作为一个无力改变的亲历者或是观察者,眼睁睁地看着我所爱的家族、家乡逐渐凋亡、回归尘土,因为我只是一个角色,这何尝不是给予那些与命运抗争者最大的痛楚与无可言说的孤独?

但操控、编写角色与剧本的究竟是剧情本身,还是手握纸笔的作者?我们既然拥有创造与遥控的能力,是否会有他人为我们编写历史?历史上的拉丁美洲受到殖民者的操控,而历史过后的我们是否更在以已知既定事实者的身份去摹写他们的命运?在我们之后的世人又会怎样续写历史?正如《锈湖》中所说:"过去从未逝去,它甚至从未过去。"《百年孤独》也许不只是将现实魔幻化的回望,更像是对未来的一种预言:我们永远无法摆脱怀疑命运、抵抗命运的孤独。

而这也许便是前面佩佩所说的民族团结的意义:我们独自走在同一条孤独的道路上,代替家族温暖彼此、排解孤独,用无数个百年赓续努力挣脱命运的蛛网。

＊202405　杨尘(2024届高三学生)

请大家跟我一起读《静静的顿河》序诗节选：

我们光荣的土地不是用犁来翻耕……

我们的土地用马蹄来翻耕，

光荣的土地上种的是哥萨克的头颅，

静静的顿河到处装点着年轻的寡妇，

我们的父亲，静静的顿河上到处是孤儿，

静静的顿河的滚滚的波涛是爹娘的眼泪。

请大家思考：俄罗斯社会有没有按照托尔斯泰的想法"复活"？俄罗斯社会能不能按照托尔斯泰的想法"复活"？

我曾经听到过一个笑话，说在俄罗斯文学中，要么作者受苦，要么角色受苦，要么读者在阅读时受苦。如果这三者中的任何两个都受苦，那就是一部好作品；如果这三者都受苦，那就是文学的杰作。虽然这段话未必完全正确，但它给到我们三个研究俄罗斯文学乃至世界文学的角度，即我们可以从作者、主人公和读者三个方面来解读一个作品。同时，它敏锐地捕捉到了19世纪俄罗斯文学的一大特点，也就是"痛苦"往往成为作品的主旋律。

这种痛苦并不是撕心裂肺而绝望的，和我们上周讲过的《百年孤独》为代表的拉美文学完全不同，俄罗斯文学中的悲伤和苦痛是淡淡的，你会发现阅读俄罗斯文学就像在斯拉夫人灵魂的迷宫里面徘徊，你感受着他们身上的战斗精神，他们的自卑、自大和自豪；他们的深埋于西伯利亚冻土之下的难以排遣的悲伤和苦痛；他们不断扩张，却始终散落在欧洲大陆上无法团结的灵魂的漂泊和麻木。而在这悲伤之下，他们往往会睁开敏锐的眼睛，寻找在灰色世界下那一抹希望的光芒。

如果在现在的圣诞节，人们来到莫斯科，红场之上的教堂将会响起沉重又遥远的钟声，敲响静谧和悲伤，永远回荡在那个忧郁、战斗又迷茫的民族上空。或许那些戴着苏联毛帽的人们此时仰望星空，会再次看到托尔斯泰的智慧的背影，或许他们也会想起那个曾经将他们的社会带向灵魂和精神复活的红色理想。

3）为优秀教师打通学段教学要求

笔者曾参与编写上海市实验学校语文课本（小学、初中，人教社出版，2001 年），发现当时团队内参与过教材编写的，哪怕是整理资料的教师，都对初中、高中的贯通式阅读很敏感。例如，在第四学段（7～9 年级）的整本书阅读中，"阅读革命文学作品"部分就有《革命烈士诗抄》《红岩》《红星照耀中国》等，要求学生体会、评析革命领袖、革命英雄的爱国精神和人格魅力。尤其是评析能力，在初中段有意识培养，到了高中段就能实现能力的跃升，学生能够有意识地选材分析并结合现实进行评价。在高一教授《沁园春·长沙》时，教师能够顺利引导学生关注"怅寥廓，问苍茫大地，谁主沉浮？"这一问句，既表达了对国家命运的关切和思考，又引出了下阕对青年时代革命斗争生活的回忆和抒情。学生由此可以进一步联想"鹰击长空"与"鱼翔浅底"所展现的人生高度和广度。

同理，高中教师必须有意识、自觉地完成推荐阅读，为大学助力。

以下附上教育部推荐高中生必读课外书目。

《论语》

《三国演义》（罗贯中）

《红楼梦》（曹雪芹）

《呐喊》（鲁迅）

《女神》（郭沫若）

《子夜》（茅盾）

《家》（巴金）

《围城》（钱锺书）

《谈美书简》（朱光潜）

《哈姆莱特》（莎士比亚）

《堂·吉诃德》（塞万提斯）

《歌德谈话录》（艾克曼）

《巴黎圣母院》（雨果）

《欧也妮·葛朗台》（巴尔扎克）

《大卫·科波菲尔》（狄更斯）

《复活》（列夫·托尔斯泰）

《百年孤独》（加西亚·马尔克斯）

《普希金诗选》（普希金）

《老人与海》（海明威）

《泰戈尔诗选》（泰戈尔）

4）让全员成长德育导师制落实

根据综评的要求和阶段性考核对高考精神的贯彻，许多高中都设立了全员导师制。笔者自 2016 年 9 月起，组织上海市实验学校的高中全员成长导师制的落实工作，同时个人也已连续 8 年身兼导师，通过对 780 名缩短学制一到两年的高中生和 79 名高中导师进行问卷调查，并对其中 7 名高中导师进行长期跟踪，分析了当前导师制实施现状和导师制实施效果的影响因素。研究对象主要为 12～16 岁的早期拔尖创新人才。研究认为，要坚持用"成长导师"而非"导师制"，因为这是一个教学相长的过程。

中小学教师的职业倦怠，是一种很难有表象数据明示的现象，但事实上，这类教师非常厌倦课堂，表现为教学成绩在学校算中等，在学生和学生家长中的口碑不好也不差，长期处于这种"上不上，下不下"的境地。但是，面对思想越来越独立、个性越来越强的新一代学生，唯有思想的引领、思维品质的提升才是育人的方向，对高中尤甚。拔尖创新人才善于独立思考，不盲目接受现有观点，能够批判性地分析和解决问题，提出独到的见解。更加值得注意的是，拔尖创新人才是一个动态的概念，其内涵会随着时代的发展和社会的进步而不断丰富和完善。因此，在培养拔尖创新人才时，需要紧跟时代步伐，不断更新教育理念和培养方式，以适应社会对人才的需求变化。

许多教师没有搞清楚新时代全员德育导师的基本内涵：主要是全方位生涯规划的引领和陪伴。校园内的每个教育教学活动都包含着德的养成，但绝大多数人分不清德育导师和班主任，甚至是学科教师的区别，在统一安排导师与学生见面的时候，还有老师仅仅讲解几道学科题目就敷衍了事。在大家都叫喊课时不够的实际情况下，我们在高三阶段，花费大量时间陪着学生把前期阅读进行总结和提升，这是助力其基础教育到高等教育的飞跃，同时以教师无私的陪伴和辛勤的付出，达成情趣到志趣的提升。

我很赞同钱梦龙老师的一句话:语文教学必须着眼于激发学生读书的兴趣,培养学生自主阅读的意识、能力和习惯。

五、结语:高中语文学科德育的前景与展望

在教育改革持续深化的当下,高中语文学科的德育前景广阔,对学生成长和社会发展意义重大。

从学生成长角度来看,它能助力学生全面发展。高中阶段是学生价值观形成的关键时期,而语文学科丰富的文本素材为德育提供了肥沃的土壤。通过学习《离骚》,学生能体会屈原的爱国情怀与高洁品质,培养爱国精神和对高尚品德的追求;在《老人与海》的阅读中,学生能感受老人在困境和危险中不屈不挠的奋斗精神,从而塑造坚韧不拔的意志品质。这些经典作品都将全方位滋养学生的心灵,帮助他们成为品德高尚、人格健全的人。

从教育创新角度来看,新技术与新方法不断涌现。随着信息技术的发展,多媒体教学工具能将语文德育内容以更生动形象的方式呈现。可以借助视频展示特定景致,让学生更直观地感受作者对美的眷恋,激发学生对家乡、对传统文化的热爱。同时,项目式学习、情境教学等新方法也能让学生在实践中深化对德育内容的理解。例如,组织学生开展"探寻家乡文化中的道德传承""农村社会调查的新时期选题""AI时代高中生的道德养成"等项目,学生通过实地调研、采访等方式,挖掘文化中的德育元素,研究时代的新变化对自我以及他人的影响,在实践中提升道德认知和社会责任感。

从培养人才的需求来看,拔尖创新人才更需要道德护卫,这为高中语文学科德育带来新机遇。当今社会需要的是德才兼备的复合型人才,即便高中选科80%左右是理工类,但是高中语文学科德育代表的人文方向更能培养学生的社会责任感、团队协作精神、创新思维等,满足社会对人才的需求。例如,在语文写作教学中,引导学生关注社会热点问题,如环保、科技创新、心理建设等,培养学生对生命意义的认识,对社会的关注和担当,真正做到育才育德、铸魂立志。

然而,学科德育也面临一些挑战。一方面,部分教师的德育意识和能力有待提升,需要加强系统培训,使其更好地将德育融入语文教学。另一方

面,如何将德育评价量化并有效纳入学生综合素质评价体系也是需要解决的问题。

AI 时代,最怕的是缺乏提问能力,这也是高中语文学科德育面临的最大挑战。例如,如何制定合适的目标?（这是问题还是导向?）道德本身就是一个宽泛而虚指的概念,德育目标过低则失去实际意义,过高也会让人望而生畏;目标偏虚则大而无伤,目标偏实又落入俗套。社会的不断发展,必然引起德育目标的不断调整与更新,语文学科德育也必须按照教育的宏观方向进行目标落实,不断调整,自我更新,只有这样,才能满足社会与受教育者的需求。

展望未来,高中语文学科德育将在不断探索与实践中持续发展。教师需要先站稳专业,然后借力发展,这是发展的基础;随着 2030 年后高中生人数的逐步减少,个性化要求会使学校、家庭和社会形成更紧密的教育合力。如何制衡各方要求,从而营造良好的德育环境,这是育人的迫切要求。相信在各方努力下,高中语文学科德育能为培养更多德智体美劳全面发展的社会主义建设者和接班人发挥重要作用。

心随雅正,言启德功!

参考文献

［１］ 檀传宝.德育原理[M].北京:北京师范大学出版社,2017:2－5.

［２］ 饶玉梅.我国学科德育研究现状及问题研究[D].重庆:西南大学,
2008:6.

［３］ 符钰.立德树人背景下的高中学科德育渗透路径[J].教书育人(教师新
概念),2020(10):16－17.

［４］ 习近平.在"不忘初心、牢记使命"主题教育总结大会上的讲话[EB/
OL].(2020－01－08)[2024－05－06].https://www.ccps.gov.cn/
xxsxk/zyls/202001/t20200108_137362.shtml.

［５］ 耿也岚.数学学科德育资源的开发与利用初探[D].曲阜:曲阜师范大
学,2015:1.

［６］ 黄向阳.德育原理[M].上海:华东师范大学出版社,2000:1.

［７］ 李莎.论"学科德育"[D].上海:华东师范大学,2010:7.

［８］ 关于适应新形势进一步加强和改进中小学德育工作的意见[EB/OL].
(2000－12－14)[2024－05－25].https://www.gov.cn/gongbao/
content/2001/content_61240.htm.

［９］ 中共中央关于改革和加强中小学德育工作的通知[EB/OL].(1988－
12－25)[2024－06－07].http://www.ce.cn/xwzx/gnsz/szyw/
200706/07/t20070607_11634665.shtml.

［10］ 中共中央关于进一步加强和改进学校德育工作的若干意见[EB/OL].
(1994－08－31)[2024－06－18].https://baike.baidu.com/item/中

共中央关于进一步加强和改进学校德育工作的若干意见/2386268?
fr=aladdin.

[11] 教育部关于整体规划大中小学德育体系的意见[EB/OL].(2005 - 7 -
19)[2024 - 06 - 18].http://www.moe.gov.cn/s78/A12/s7060/
201007/t20100719_179051.html.

[12] 张丽.高中语文学科德育的叙事研究[D].太原:山西师范大学,
2014:13.

[13] 李娟.语文学科德育的多维视角研究[J].教育学术月刊.2021(7):104.

[14] 教育部.中小学德育工作指南[EB/OL].(2017 - 08 - 17)[2024 - 06 -
18].http://www.moe.gov.cn/srcsite/A06/s3325/201709/t20170904
_313128.html.

[15] 教育部基础教育司.中小学德育工作指南实施手册[M].北京:教育科
学出版社,2017:131.

后　记

　　"路漫漫其修远兮,吾将上下而求索。"当我轻轻放下手中的笔,宣告这本《高中语文单元式学科德育研究》完成最终修订时,往昔那段满是挑战与探索的漫长研究岁月,如汹涌的潮水般,瞬间涌上心头。

　　1996 年,怀着对教育事业的无限热忱与憧憬,我毅然踏入中学语文教育的领域。在悠悠的时光长河里,我有幸见证了一届又一届学生在语文知识的浩瀚海洋中奋力前行,高分频出。然而,随着教学经验的不断积累,我越发深刻地领悟到,教育绝非仅仅是知识的机械传递,而是一趟灵魂与灵魂深度交融的神圣旅程。诚如德国学者雅斯贝尔斯所说:"教育的本质意味着,一棵树摇动另一棵树,一朵云推动另一朵云,一个灵魂唤醒另一个灵魂。"学生的成长是全面且多元的,知识赋予他们智慧的力量,而德育则塑造他们的灵魂,为他们的未来人生道路照亮方向。

　　于是,我踏上了将德育融入语文单元教学的探索之路。尽管前方迷雾重重,但对学生成长的期望,让我坚信能找到开启他们智慧与品德大门的钥匙。

　　研究过程困难重重,德育范畴宽泛,方向难以确定。为了解决这个问题,我深入剖析教材和教学案例,收集各地优秀案例,与领导、同事交流研讨,参加教学研讨会。在思维的碰撞中,我找到了许多新思路。

　　在探索中,我恰好主持学校高中德育工作,也一直坚守在语文教学一线,借此收获了宝贵经验。高中语文单元式学科德育要求教师深入挖掘教材中的德育资源,将其与语文知识紧密结合。例如,在现代文阅读中,引导学生分析人物言行,汲取正能量;在写作教学中,设置德育主题作文,培养学生的社会责任感。同时,通过创设情境、组织活动,让学生在轻松的氛围中接受德育熏陶。在这些问题之上,教师需要对教材足够熟悉、对德育的指导性文件足够清晰。

希望这本研究成果能为高中语文教师提供参考,期待更多教育工作者投身这一领域。我也将持续关注,不断完善自己的研究,为拔尖创新人才的育人方式探索贡献力量。

在此,我要向所有在研究过程中给予我支持与帮助的人,表达我最诚挚、最深切的感谢。

感谢上海市实验学校,给予了我充分的信任与鼓励,提供支持和帮助的同时,还引导我从更高的维度思考问题,帮助我成功突破重重困境。

感谢罗志敏教授,在本书写作之初就高屋建瓴,盯促我完善整体框架。

感谢林在勇教授,百忙之中为我的书稿提出了许多有价值的建议。

感谢上海市和浦东新区的诸位德育同行,你们在德育领域的积极探索,为我提供了明确的努力方向。

感谢同事们,无数次研讨时,大家各抒己见。有的凭借丰富教学经验,分享实用技巧,助我改进教学方法;有的从学科融合角度,为我开拓新思路,让我能整合多学科德育元素。这些交流让我在思维碰撞中成长,少走弯路。

更要感谢我的丈夫和女儿,在本书写作期间,我的父母均缠绵病榻多日,最终相伴天堂。是家人温暖的怀抱和爱,抚平我心中的伤痛,让我得以重新振作。

教育本是一场没有终点的修行,而愿意将自己的所思所感写下来,这段长途跋涉便留下了些许足迹。在物欲横流、焦虑丛生的当下,唯有持之以恒、清晰思考,方能笃定前行。

愿我们都拥有热气腾腾的灵魂!